商店街は学びのキャンパス

片寄俊秀

現場に学ぶ　まちづくり総合政策学への招待
まちかど研究室「ほんまちラボ」からの発信

関西学院大学出版会

商店街は学びのキャンパス

片寄　俊秀

目次

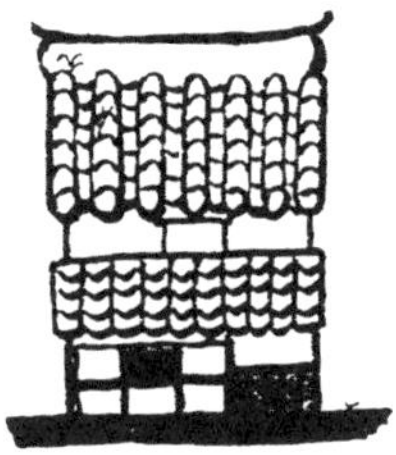

人びとが行き交う商店街のど真ん中にゼミの研究室をつくりたい。そこには街のいろんな人がやってきて話の花が咲く。じっと座っているだけで、次から次へと生きた情報が飛び込んでくる。現代都市の最大課題の一つであるインナーシティの再活性化をめぐる新しい研究テーマが、雲のように湧いてくる。

商店街の人々との交わりが進み、親しくなると、ときには頼りにもされよう。力仕事ならOKだ。まつりやイベントにもどんどん参加したい。持ち前のセンス?を生かして、かなわぬまでも思い切った提案をしてみたい。ときには海外に飛び出して世界的な視野で比較研究しては地元に持ち込む。いつも現実に触れることで、生きている都市や地域社会のありようを肌で学ぶ。

頼りにされたり、失望されたり、また見直されたり。こうして鍛えられるうちに次第に信頼を得て、やがて地に着いたほんものの研究が着々と進む。そして商店街も若いエネルギーを得て魅力アップし、人も町も生き生きとしてくる…。

このような研究拠点づくりは、まちづくりの研究を志して以来、長年抱いてきたわたしの一つの夢であった。

これは、その夢を兵庫県三田市本町センター街の商店のど真ん中に、とうとう実現してしまった物語りである。

オープンは一九九七年六月。まちかど研究室「ほんまちラボ」は、今も元気に動いている。歴代のすてきな学生たちは、それぞれに良き成果をあげてきたが、どんどん代替わりして、設立当初のいきさつを知るものは、今やわたし一人になってしまった。

ここまで、五里霧中のなかを手探りで進んできたが、似たような動きが全国にも飛び火している。元祖・家元として、とりあえず、これまでの蓄積を、第一報としてまとめてみた。

本文イラスト・綱本　武雄

プロローグ
「ほんまちラボ・閑楽停」始動

「ほら、このぼろぼろの障子紙をはずして、お向かいの大東文具店で障子紙と糊を買ってきて、きれいに張ってくれ」

女子学生のTさんとYさんが取り組んでくれるのはいいが、手でびりびりと紙を破り出す。

「違う違う、障子の紙は濡れ雑巾で拭くと、きれいに取れるんだ。ほれ、こうして」見かねてお隣の下山呉服店のご主人が、家から雑巾と刷毛と糊まで持ってきて、彼女たちを指導してくださる。

「この壁を取ってしまいたいけど、どうすればいいですか」とN君。

「バールであらかたくぎを抜いて、あとは思い切って蹴っ飛ばしてみろ」「あ、いてて！」

「ばっかもん、埃が立つじゃないか」「おいおい、金槌はちょこちょこ叩くんではなくて、もっと柄を長めにもって、そう、思い切って叩く。」「こらっ。鋸を押して切るんじゃねえ。日本の鋸は手元に引く。どいつもこいつも役にたたたぬ！　ほら、貸してみろって。」……

まちかど研究室・ほんまちラボ誕生

　私たちが兵庫県三田市本町センター街商店街のど真ん中に、まちかど研究室「ほんまちラボ」を正式にオープンしたのは一九九七年六月一日である。

　そのための内装工事などの直接の準備は四月にスタートしていたし、さらにそのもう一つ前には地域を歩き回り、商店街の人たちとの話し合いをすすめ、大学当局を交えて商店街の理事会や建物のオーナーとの交渉をつめていった期間もあったから、実質的な準備に半年以上はかかっている。それでも、こういう話の割にとんとん拍子にことが運んだのは、建物のオーナーである油谷俊男さんをはじめとする関係者のご好意が一点に集中し、さまざまな条件が奇跡的と思えるほどうまく整ったからだ。

　当初は筆者個人の考えでスタートした話であったが、学部としてもバックアップしてやろうということになり、「総合政策学部都市政策コース野外実習施設」として、大学が借り主となってとりあえず家賃だけは負担していただけることになった。

　お借りしたのはわずか八坪（約二十五平方メートル）の小屋である。だが、享和元年（一八〇一）建造の豪商神田惣兵衛の屋敷（油谷邸）の一角であったというから、実はたいへんなお宝。なにしろ板壁の要所には鍛造の四角い釘が使ってあるのだ。

大震災の教訓もあり、耐震補強だけは筆者の前任地であった長崎総合科学大学建築学科でのゼミ生で、姫路在住のプロの建築技術者であるI君とK君に手伝ってもらったが、古色蒼然、埃だらけの小屋の掃除と内装工事は筆者と十八名のゼミ生の自前でやった。筆者としては大学院の学生時代に今西錦司先生にくっついていって経験した、東アフリカでの類人猿学術調査隊の基地設営担当（一九六一年）以来の本格的な大工仕事である。

振り返ってみると、この自前での内装工事の作業の過程が大きい決め手になった。汗まみれになって作業する学生たちと地元の人との和やかな関係が、ごく自然に生まれていったのである。

雑巾やちょっとした道具はお隣とお向かいからお借りした。評判を聞いて覗きにこられた三田市在住の関西学院大学の先輩が、日曜大工で鍛えた腕前で懇切に指導してくださった。夜遅くまでとんかちやっていると、ご近所からなんやかやと差し入れが届く…。

嫁入り荷物の行列が行く大正年代の本町通り
（手前が油谷邸。阪神淡路大震災で被害を受けて取り壊され、残されたその一部が「ほんまちラボ」。写真：油谷俊男氏 提供）

築二百年の建物が若返り、パソコンも入って学生たちが出入りしはじめると、商店街に何ともいえぬ活気と華やかな空気が流れだした。

空き店舗続出の既成商店街に大学研究室が飛び込むというこの試みは、商店街の再活性化のきっかけとしても新しい地平を開いた可能性がある。日本経済新聞の全国版のコラムに紹介されたり（一九九八年二月八日）、NHKテレビ「新日本探訪—商人の街に学生がやってきた」（一九九八年十一月一日）で紹介されたりしたこともあって、早くもフランチャイズ・ラボ開設の打診がきた。すでに第一号は京都府福知山市で、同市にある京都創成大学のマーケッティング専攻の宮内先生のゼミやその他経営学科の先生方と商店街と市商工課が組んで、商店街の空き店舗対策事業として一九九九年度に姉妹ラボの「福知山まちかどラボ」の開設が実現した。

インターネットのこの時代である。出口の見えぬ空き店舗対策などにアイディアを求めて人々が右往左往しているだけに、あっという間にラボづくりは全国展開している模様で、筆者のところにも各地からいろいろな情報が入ってきている。

早稲田大学のそばでは、学生たちと商店街とが組んでエコロジーとリサイクルをテーマにしたまつりを始め、それがさまざまなベンチャービジネスにまで発展しているそうだ。岐阜駅前では商店街と行政と岐阜経済大学の経済学のゼミが組んで、ビル一つを使ってお店の経営をやっており、その活動そのものが単位になるという。彦根市では滋賀県立大学の学生たちが商店街と組んで街角の空きビルを使ってライブとお店の経営を、山口市では行政の肝いりで山口県立大学のゼミが商店街と組んでラボをつくり、大村市では商店街がつくった「まちかど研究室」に長崎大学の先生が出前講座をやり、島根女子短期大学と島根大学の研究室が組んで古い四階建てビルまるまる使って「まちかど研究室」を一九九九年に設立などなど。本格的な事例では、京都造形芸術大学とＩＴ企業などが組んでＮＰＯ法人をたち上げ、京都市の西陣に古い町家を生かした産官学連携のＩＴ研究開発拠点の「西陣町家スタジオ」が二〇〇一年末に誕生している。行政や商店街からの働きかけに大学側が呼応している事例が多いようで、筆者のようにこちらからお願いして入れていただいているというのは、どちらかといえば少数派のようだ。

興味深いのは、日本商工会議所がこのような「学生が参画するまちづくり」の動きに注目して、そのホームページに「街づくりインカレ」という情報交換のコーナーを設けたことだ。もちろんわが「ほんまちラボ」には、先方からリンクさせてほしいとの申し入れがあり、快諾した。(http://www.jcci.or.jp/machi/incolle.html)

ラボに集う学生たちは、商店街の人たちの人間性に深い興味をもっている。多くがサラリーマン家庭に育った若ものたちにとって、毎日毎日が真剣勝負の商業者の生きざまそのものがきわめて興味深いばかりでなく、なんといっても一城の主である商店主やおかみさんは、どなたもたいへん個性的であり、いつも頭を使っているから考え方が若々しいのだ。

同時に、商店街の方々も「学生さん」と十羽一からげにするのではなく、彼らの個性を理解してそれぞれにつき合ってくださっているようだ。ラボを舞台に、一人一人が独自のチャンネルをつくって生き生きとした交流が進んでいる。

学生たちはやがて卒業して各地に転進し、さまざまな人生を歩む。なかにはご近所にそのまま居着く人が出るかもしれない。もちろん転勤族や世界を飛び回る人も出るだろう。そして何かにつけて思い出すのが「ほんまちラボ」と「本町センター街」であり、機会を見つけては「里帰り」し、商店街のおっちゃんやおばちゃんとの久しぶりの会話がはずむ。

まるで寅さんの映画のシーンだが、それほどすばらしい人間関係が、このわずかの年月でしっかりと築かれたように感じている。さすがに老舗が集う伝統的な商店街ならではの懐の深さであった。この関係が、今後もうまく後輩たちにひきつがれ、大きく豊かに育っていくことを心から念じたい。

町に大学がやってきたということが、どんなに素晴らしいことなのか。いろいろあるだろうが、なかでも直接の収穫は「町に若ものの集団がやってきた」ということではなかろうか。

しかも、一人一人なんて素敵な若ものたちなのだろう。ここ数年間、彼らにはいろいろと口やかましく言ったり、ぼろくそに言ったりしてきたが、市民の方々とのやりとりやゼミで発行している機関紙づくりなどを見ていて、なかなかやるな、言うべきことはちゃんと言い、大切なことはきっちりと吸収しているな、と実は秘かに感心しているのだ。

学習と研究の場!?

もともとわたしは現場の技術者出身であり、教室での「講義」というスタイルがどうにも苦手なので、なんとかその重圧から逃れる方法はないかと模索してきた。毎回、何をしゃべるかが講義の寸前まで決まらず、ばたばたと用意して壇上に立つのだが、どうにも下手で、熱を入れて語ると白けた空気が流れ、少し系統立ててみると退屈なためかすぐあちこちで居眠りがはじまる。もうすこし実際の経験などをふくめて丁寧に中身を語った方がと思って、自分のやったことなどを交えて語り始めると、こんどは自慢しているようになって自己嫌悪に陥り、話が途切れてしまう。

もちろん世の中には、講義の中身がハイレベルで、それでいてわかりやすく魅力的な「講義の上手なほんものの教授」も居られることを知っているだけに、ますます苦痛がつのる。とはいえ教授歴三〇年にもなるプロとしては、逃げてばかりいるわけにもいかない。学生たちが自ら考え、自ら行動する人間に育って行くような「環境」をつくる。あとは彼らが問題意識をもってやり始めて、何か質問などがあれば、できるだけ親切に相談に乗るというようなスタイルなら、非力な自分にも出来ないことはない、と考えた。幸い、自分にはすぐれた友人がたくさん居る。大概のことなら、その道の超クラスの人物につなぐことができる。ノーハウ know-how ではなくノーフウ know-who なら自信がある。「教育」ではなく「自育」のための環境づくりに徹すること、これが「ええ加減教授」の「ええ加減教育論」の原点にある。

ところで、そもそも「教育」とはなにか。広辞苑をひもとくと「教え育てること。人を教えて知能をつけること。人間に他から意図をもって働きかけ、望ましい姿に変化させ、価値を実現する活動。」とある。

「他から意図をもって働きかけること」だと！　人間さまにそんなことをしていいのか。そういう行為を、マインドコントロールというのではないのか。そんな「教育」で変化させられた人間を、われわれは信用できるのか。そういう人は、また別の「教育」をうけると、ころりと変わってしまうのではないか。

となれば、「教育」などクソくらえではないか。人が本当の意味での自立した人間として育つには、他者が与える「教育」ではなく、自らが研さんして育つ「自育」「学習」「研究」こそが大切なのではないか。どうも「教育」という概念そのものがかなり胡散臭いぞ。

この考えは、一九七〇年に、一介のサラリーマン技術者から大学に職を得て「教育者」になって、いろいろ悩んだなかで思い至ったものであるが、「ほんまちラボ」ができて、そこにすぐれものの学生諸君が集まってワイワイ元気にいろいろなことに挑戦し始めてくれたことで、ようやく説得力のある「新・教育論」として世に出せそうな気がしている。

「楽をするために苦労してきた」とでも表現できようか。適切な「環境」をつくり「馬を水呑み場」につれて行きさえすれば、あと「呑むか呑まぬか」は本人次第。で、わたしがラボに腰を据えて水ならぬアルコールを呑んでいるうちに、わがゼミのサラブレッドたちは、現実の町の動きのなかからさまざまな問題をみつけ、それを解決するにはどうすればいいかを模索し、自ら学習し研究しはじめた。

それらの成果を大切にしたいと思い、「ほんまちラボ研究ジャーナル」という学術雑誌風のものを自費出版で発行し、二〇〇一年十二月段階ですでにNo.12まで十二冊刊行し、これは国立国会図書館に申請してISSN（国際標準逐次刊行物番号）をとってきちんと納本している。このラボから著名な人物が輩出したときには、このバックナンバーが価値をもつかもしれないとの期待もある。一九九七年の台湾への海外遠征（アジア西太平洋都市保存会議への発表参加）の記録や、毎年の卒業論文、修士論文は、全文というわけではないができるだけこれに収録して公開し、実費で販売もしている。

ろくな指導もしないくせに、わがゼミのモットーは「売り物になる卒論」を書け、というのだからひどい話ではある。ただ、売り物にするのだから他人の論文のパクリだけは絶対にしないでほしい。ともかく自分の足と頭で書くのだ、といえばかなり説得力はあるように思っている。

その他、一九九九年五月に商店街の中で近郊農家の作り手の女性たちが始めた生産者直売の「旬の市」を学生たちがサポートして成功した話を報告した、ヤンマー学生懸賞論文「いま日本の農業が面白い」に提出したゼミ生四人の論文が、なんと「優秀賞」五〇万円を獲得したし、さらには、大学院生を中心とするメンバーが商店街の人たちと組んで、これからのほんまちストリートのあり方を考える「ほんまち未来塾」が一九九九年末から二〇〇〇年始めにかけて動き、これはついに商店街の街灯の改善に具体的に結実し、二〇〇一年秋に点灯した。

筆者が海外出張に行っていた二〇〇〇年夏には、学生たちが商店街の人や市民に呼びかけて取り組んだ「未来塾パート2」の活動が展開して「中心市街地活性化の構想づくり」という大仕事が進んでいたし、また、学部四回生を中心に、二〇〇〇年の十月に宮崎県日南市で行われた「第二十二回全国町並みゼミ」（全国町並み保存連盟主催の全国の伝統的な町並み保存と活用をめざす市民運動の研究集会）の一つの分科会「こども町並み探検隊」の企画運営を全面的に引き受けて走り回っていた。すべて筆者のほとんど関知せぬところでどんどん進んでいた。さらに、その勢いを受けついだ学部三回生たちは、地元の三田小学校の先生方の要請を受けて、秋学期二ヶ月間にわたる小学二年生一〇七人による「総合的な学習・ほんまちわくわくたんけんたい」を商店街の人たちと協力して実施するなど、今のところ「自育環境づくり」の狙いは、ずばり当たったと自負している。すばらしいのは、それぞれ中心になるメンバーは別でも、イザとなるとみなが協力することで、まさに星雲状の人間関係がゼミの中に生まれていること。そして筆者はいつもカヤの外でニコニコしているだけで良い、という楽な立場に置いてくれていることだ。

筆者自身、これまでの長い人生でいろいろなことにかかわってきたが、この「ほんまちラボ」は、いつもドジばかり踏んでいる筆者にしては珍しくすらすらとうまくことが運んでいる。そろそろ人生最後の仕上げの段階であるだけに、ほんとうに有り難く、関係の皆さま方には心から感謝している。

最近では、全国各地で似たような「ラボづくり」の動きが起こっており、当方への見学者も増えてきた。アイディアもかなり模倣されている。もちろんよりすぐれた事例も出てきているだろう。「元祖・家元」として一度それらを全部訪ねて友好を深め、ネットワークをつくって智恵を交換し、元祖としての最先端の地位をしっかりと固めたいと念願している。

「ほんまちラボ」が「成功」した理由

これは、ほとんど謎解きに近い設問であるが、あえて分析してみよう。まず基本的には「天の時・地の利・人の和」が、一つの目的の実現を見事に支えてくれた、と思う。世の中がちょうどこういう活動を求めている時代になっていて、そこに、本町センター街というすばらしい場があり、すばらしい人々が居られ、すばらしい学生たちが現れ、わたしのような風変わりな教授がタイミング良く動き出したということであろう。

そして何よりも、わたし自身にここで何かコトを起こそうといった野心や下心が最初からあまりなかったのがよかった、という気がしている。「商店街の活性化に貢献しよう」などといったおおそれた気持ちは最初からなかった。

ともかく街のなかに入れていただき、町の生き生きとした動きを「定点観測」するかたちで学ばせていただければもうそれで十分、という気持ちであった。自分にいわゆる「老人力」がついてきており、肩に力が入っていなかったのもよかった。なにしろ商店街の理事長さんといえどもわたしより年下なのだから、ここで妙に張り切ると確実に浮いてしまっただろう。商売にはずぶの素人の新参者なのだから、節度をわきまえて振舞わねばならぬ。あまり積極的な発言もせず、ラボの前にぼーとすわってちびりちびりとビールを飲んでいただけ。結果的にはこれがよかったと思っている。

「世の中に教授のような楽な商売があるとは知らなかった。ビールを呑んでるだけでゼニがもらえるのだから。今度生まれ変わったら俺は教授になる」とは、ラボのお向かいの楽器店主のいつものセリフである。傍からみると何でも楽にみえるものらしい。これでもいろいろ苦労がないではないのだが、まあ有り難いことだ。

ただ、これが画期的な試みであることは、密かに自負している。

あるとき関学の学生新聞に、ラボ活動などの私の研究スタイルを「型破り教授」と冷やかし半分に書かれた。最先端はつねに異端であり、彼らにその洞察力を期待しても無理かもしれないから、その記事は賞賛の言葉と理解した。

この学生記者君は研究活動にも「型」があると思いこんでいるのであろう。受験勉強で「型にはまって」育ってきた若ものたちは、何らかの形で解放してやらないと可哀想だとつくづく思った。独創性が命の研究が「型」にはまれば、もう「後追い」でしかないではないか。それを実体験してほしいために開設したのが「ほんまちラボ」でもある。

いつの頃からか「研究」などといえば、何か難しそうで、堅苦しい専門家の独占物といったイメージが固定しているが、これはおかしい。「なぜ?」「どうして?」「どうすればいいの?」と考えることは、人間の基本的な営みであり、幼児期だけではなく一生を通じて自然にやっていることである。人間からこれを取り去ったら、もはや人間ではない。

わかりやすくて、楽しくて、やりがいがあって、みんなが乗ってくるような研究や研究スタイルがあっていいし、むしろそれが当たり前なのではないだろうか。

学問は楽問に通ず、これぞまさに「閑楽亭」(「ほんまちラボ」の別名)のめざすところというべきか。ちなみにこのネーミングは、ラボの隣の下山呉服店のご主人下山一郎さんが命名者であり、「かんがく」をもじって、「閑」つまりヒマを「楽しむ」人が停まり語り合う場所の意とのことであり、筆者の意図するところを見事に汲んで命名してくださった。

第一章
中心市街地の空洞化

都市の顔が無くなる

いま、全国の地方都市の中心商店街が息絶え絶えの状況にあり、大きい政治的課題になっている。在来の商店街の元気がなくなるということが、その都市に与える影響はきわめて大きい。

商店街はまさにその都市の顔であり、伝統的なまつりなども含めて、都市の文化のかなりの部分を実際に支えてきたのが商業者たちであったから、商店街の活力が無くなると、その都市の全体の元気がなくなり、文化的にも経済的にも落ち込む。

なかでも空き地、空き店舗問題はきわめて深刻であり、連続性が命ともいうべき商店街が歯抜け状態になってくると、たちまち連鎖反応が起こる。

この重大な事態に、地方自治体も、政府もようやく腰をあげて「中心市街地活性化」に関連する法と補助金の制度を新設するなどいくつかの新しい施策を打ち出しているが、一方で商業施設の大型コンビナート化、郊外化の流れは、いよいよ「メガストア」の時代に入っている。レジャーとショッピングを大規模に組み合わせた、敷地面積数十ヘクタールという郊外型の巨大なワン・ストップ・ショッピング・モールが全国各地に出現しつつある。

もちろんその背景には、「クルマ社会」化や人々の生活様式や好みの変化、企業による巧みな消費需要の創出と、流通・生産システムのコンビナート化といった構造的な問題があり、下町商店街の再活性化は小手先で出来るようなことではない。

わが国は流通に関して「規制緩和」が遅れているといった発言がしばしばなされるが、他の資本主義国と比較したとき、決してそうではないように思う。むしろすでに過度の規制緩和がされており、そのために都心商店街の衰退が助長されている可能性が高い。

たとえばフランスやイタリアやドイツでは、都市の賑わいや文化を守るために、伝統的な都心商店街の小店を守ろうと自治体単位での懸命の努力がされているし、店舗開設への規制はじつに細かく厳しいようだ。じっさい彼の地に行くと、どんな小さな地

南ドイツのゲンゲンバッハの都心広場
（人口1.1万という小都市でもこの賑わいぶりがある。スケッチ：筆者）

方都市でも、都心部には歩行者天国になっている中心広場があって、まるで毎日がお祭りのようで、その賑わいぶりが素晴らしく、町歩きがじつに楽しい。商店の人々も、ちゃんと予告をして長いバカンスをとるなど、労働環境づくりも万全だ。

アジアの各地でも、中国南部や台湾、あるいはタイ、ベトナム、インドネシア、インドなど、どこに行っても、都心部が賑やかで楽しい。この地域の商店街には、上が住まいで一階が商店のいわゆるゲタバキ住宅「ショップハウス」がずらりと並んでいて、これらの国々ではニュータウン造りのときにも積極的にそういうまちづくりの伝統を受けついでいる。

どこも外食文化が盛んで、歩道にイスとテーブルがあって、オープンカフェでくつろぐ姿があり、屋台のいい匂いが流れてくる。町というものはいつも賑やかで、町歩きが浮き浮きするほど楽しいというのが常識になっていて、人々もそういう空間づくりの知恵を大切にしている。

よそよそしい都心部づくりばかりが進み、かってあれほど楽しかった下町の賑わいを無くすことに、なぜか懸命になってきたわが国の実情をみるにつけ、どうやら「中心市街地の空洞化」はわが国だけの現象のようなのだ。どこかに世界の流れとは逆行した、大きい政策の誤りや都市づくりの間違いがあるのではないか。

道路の拡幅は是か非か

本町センター街では、これまで都市計画道路の拡幅問題が大きい話題となってきた。一九六三年に都市計画決定された内容は、現在の幅員約六メートルの道路の片側を拡幅して幅員九メートルにするというものであったが、一九九六年に策定された商店街の近代化計画では、これをさらに両側拡幅にして幅員十四メートルにして商店街の建物を一新するという案が出され、これが地元提案として市当局に提出されて、都市計画を変更する方向が検討されてきた。これが通ると、現在の商店街を形成している伝統的な町並み景観は根こそぎ無くなることになる。

道路を広げて店舗群を近代化するという発想は率直に言っていささか時代遅れの感があり、今はむしろ狭い街路のままで、クルマ通行を制限して、各種の小店の並んだ伝統的な商店街のもつ親しみやすい雰囲気と景観とを生かして、高齢者やニュータウン住民などにアピールする方が、はるかに魅力的な方向だという気がするが、商店主たちや行政当局の担当者たちの「近代化幻想」がそう簡単には払拭されずに、今日までずっと来てしまっていた。

瓦屋根の並ぶ本町通りの歴史的な町並みも、よく観察してみるとかなりの家が「拡幅工事待ち」の姿勢で、痛んだ建物も改築せずに老朽化が進むにまかせている。このような状況が長年続いてきたために、商店街の全体がおんぼろになってしまったこともまた、衰退を招いた一つの大きい原因ではなかろうか。

公共による道路敷地の買い上げと建物補償費でもって新築か大規模改築を行って一挙に近代化事業を推し進め、快適な商業環境を作ろうという目論見であると伺ったが、それぞれのお店の人たちに個別に聞いてみると、道路の開通後も商店経営を同じ場所で継続するかどうかはきわめて心許ないことがわかった。高齢の商店主が多いので、改築を契機に経営からリタイアし店も閉めたいという考えの人が結構多いようだし、じっさいこの地での商業活動の展開に明るい展望をもっている人がどれほどいるか、というのが現実なのだ。

「道路づくりが都市計画」という、お上が決めた、時代遅れの「法定都市計画」に何十年間も縛られ翻弄されて、商店街にふさわしい自由な発想でのまちづくりの方向を見失わされてきたという酷い事例は、全国にたくさんあり、ここもその例の一つだと思う。この長い年月にわたる縛りによって、商店主たちは煮えくり返るほどの悔しい思いを重ねてこられたのではないだろうか。

その結果として、ここまでくれば「道路の大幅な拡幅で公的資金を投入して、町並みを一新するしかない」という発想が、いわば「苦渋の選択」として商店街の人たちに採用された可能性もあろう。

しかし、この「選択」は基本的なところで誤っているのではないか、と筆者はずっと考えてきた。この考えは、新参者であり、商業者でもなく、無責任なよそ者でしかない筆者の立場では、あまり大声で言わないほうがいいと思って、商店街の集まりでも発言してこなかった。

しかし、都市計画道路の方は、駅前から復員十六メートルの広い道路工事が進んできて、ついに武庫川を横断する道路橋も完成して、広い道路が本町通りにまでやってきてしまった。人々はついに決断を迫られるという段階にまで来たのである。

一方で「ほんまちラボ」も、一九九七年の春から今日まで、まるで空気のように商店街のなかに定着してきたようでもあるので、議論のための「たたき台」を提供するつもりで、思い切って述べてみたい。

筆者は決して長期的な展望の重要性を否定するものではない。しかし同時に、日々が勝負の商店街のまちづくりでは、「時間」の問題を抜きにした論議は成り立たないという点を、あらためて指摘したいのである。

本町センター街の場合、今後かりに計画実施が本決まりとなって道路事業が本格的に動き出したとしても、今の経済情勢のなかで通りの建物が一挙に更新されるとは思われず、全体が完成するまでにはあと少なくとも数年、下手をすると十数年かかる、という点が最大の問題なのだ。

その間はずっと「工事中」の状況が続き、用地買収もそうスムーズには進まないから、道路の形態は「ヘビが卵を呑んだかたち」でずっと推移する可能性が高い。この地域の駐車場需要は依然として高いので、建築予定の空き地は駐車場になる確率が高い。このような状況は、本来、連続性が命である商店街の商業活動にとって致命的な問題であり、この間にも商業活動はいよいよ停滞し衰退するであろう。

このように、道路拡幅をテコとする商業近代化計画は、しばしば本来のねらいとはかなり違った結果をもたらして、何のために何をやったのか分からなくなったという事例が全国各地にたくさんあり、本町通りもまたその轍を踏みそうな予感がしてならない。これが杞憂に終わればいいのだが。

ところで、見た目にはかなり衰退した印象を与えるが、じつはこの本町センター街の商店街の人たちはたいへんな底力を秘めている、というのが準備段階からここ数年ずっとつきあってきての筆者の率直な印象である。そして、商店主の全体的な高齢化をみるにつけ、今、まだパワーの残っているうちに「時間との競争」をしなければ、という感じがする。

この伝統的な商店街に身を置いてみて感じることは、この町の最大の特徴と魅力が、ニュータウンとまったく対比的なヒューマンスケールの「歴史のまちなみ」だということである。これと「祭り」のときなどに発揮される商店街メンバーの驚くほどの団結力と人的なパワーと、独特のあたたかい人間的なぬくもりを生かして新しく展開する方向を真剣に追求すべきときではなかろうか。

道路幅を広げることによるメリットとしては、車の通行がスムーズになることでニュータウンからのお客を引き寄せることができる、また十分な歩道がとれて人々が安心してゆったりと買い物することができるといったことが挙げられているが、一方で、そのデメリットがあまりに大きいことが問題なのである。

筆者は、先に延べた「時間」の問題が決定的に重要であると考えているのだが、それに加えて「空間」の面からも、通過交通ばかりが増える、商店街の両側の店の交流が難しくなって賑わいや親しみの感じがなくなる、歴史的な商店街としての個性がなくなり、かえって衰退をすすめるのではないか、といった声は商店街の人たちの中にも、また行政の担当者のなかにもけっこうある。

この商店街にかかわってから、機会をみつけては、道路を広げて「近代化」した商店街をできるだけ多く見るように努めているのだが、これは成功しているなと評価できそうな事例を見たことがない。道幅の広がった商店街は、どうしても白けてしまって魅力が無いという例が多いのである。

宮崎県日南市の飫肥で見た例であるが、もともと城下町の商店街で、幅員六メートルほどであったものが十六メートルへと道路拡幅を受け入れて、軒並み新築になった。そして、通りにはかっての伝統的な景観を少しでも受け継ごうとして、新しい建物に瓦屋根をつけたりして懸命な努力がされていた。

しかしこの事例では、広い道路空間のもつ圧倒的なスケールに対して、個々の建物はなかなかの力作であるにもかかわらず、全体的にはその努力が滑稽に見えて仕方がなかった。これは個別の建築デザイナーの力量で克服できるような問題ではない、というのが筆者の率直な印象であった。結果的に商店街は完全に衰退してしまったのである。

じつはこの拡幅をめぐっては、当事者である日南市長から「手術は成功した、だが病人は死んだ」という、たいへん辛いセリフを伺ったことがある。

これは、一九九六年九月に愛知県犬山市で開かれた「第十九回全国町並みゼミ」のシンポジウムの場で、やはり城下町の歴史的な町並みがよく残っている通りへの都市計画道路による同様の拡幅問題を抱えて悩んでいた犬山市長に対して、この大会に出席された日南市の市長ご本人がのべた言葉であり、犬山市長はこれを他山の石として、拡幅の推進に対して待ったをかけるきっかけとしたのである。

ヨーロッパの有名な魅力的な伝統的商店街も、ほとんどが幅員四、五メートルしかない。よくテレビなどで紹介されるオーストリアのザルツブルグの「両側町」などは、その適度な狭さによって、両側の商店が同時に覗けることが大きい魅力となっている。

親しみやすい幅員の現在の本町センター街のもつ雰囲気は、とても大切だという気がする。道幅を変えることは、今の魅力のかなりの部分を失うことになる。

では、仮に道幅を広げないとすれば、どういう未来が考えられるのであろうか。

まず、歩行者の安全確保であるが、今の一方通行の遵守と違法駐車の取り締まり強化で、当面は何とか歩道空間を確立し、できれば歩道部分だけでも舗装を変えるなどのことを急ぎ、やがて曜日設定と時間制限による歩行者天国化を恒常的に実施する方向が必要であ

本町センター街の現状（スケッチ：筆者）

ろう。

そして、個々の建物については、今ある建物の材料と面影をできるだけ残し、さらに伝統的な町並みの連続した風景を復元しながら、個店のショウウィンドウや入り口、それに内部や住居の部分も思い切って現代化することによって、新しい魅力を創り出してほしいと願っている。

もちろんこの際、全体の方向をにらんで、それぞれのお店で新しい商業展開を模索していただくことが重要であることはいうまでもない。

歴史的な町並みは、そのこと自体を一つのデザインとしてとらえ、町並みを保全しつつ上手に生かしていきたい。そうすることで、そこに最も新しい感覚の商店街が生まれる。郊外型の大型店舗や、街角に乱立気味のコンビニは、たしかに日常生活にとって便利な存在ではあるが、競争の激しさゆえに突然お店が消えてしまったりすると、逆に一帯がたいへん不便になるし、じっさいどこも似たり寄ったりの安物建築に、同じような品ぞろえと接客スタイルなので、底が浅い。やがて人々にすべて飽きられて衰退するのではないかという予感がしてならない。

店構えにしても、昔の木造建築というものは、たいへんすばらしいものであり、改造にはたしかに新築ほどお金のかかる場合も多いが、しかし思い切って現代の技術を加え、設備を導入してみると、驚くほどオシャレに仕上がって価値がぐんと上昇するというケースが多い。

老朽化が進んでいるからといって、決してすべてをあきらめる必要はない。すぐれたデザイナーと大工職人の協力を得て、古い建物を信じられぬほど見事に蘇生させて、年輩者はもちろん、若い人たちを大いに惹きつけている、という事例が最近とみに増えている。いわゆる商圏人口だけで勝負していても発展は期待できない。要は「交流人口」をいかにふやしてパイを大きくするかである、と思う。

このような方向ならば、一挙に全部ができなくとも、今日からでも一歩一歩、一店また一店と徐々に進めることで、今の商店主たちの「目が黒い」うちに、着々と展望が開けるという楽しみなストーリーの展開も不可能ではない。

もちろん本町センター街だけが孤立したかたちで「レトロ路線」を突っ走っても、事態がうまく展開するとは思えない。

詳しくは後の章で述べるが、三田市の場合、商店街をふくむ既成市街地についての全体的な方向として、もう一度人々をそこに惹きつける魅力を創生する必要があるし、それは十分可能であると考えている。

おおまかにいうと、学生をふくむ若ものと高齢者を中軸とする「下町大好き人間」に、既成の市街地部のなかにできるだけたくさん住んでもらうよう公的な助成政策を積極的に進めることで、いつも適度な賑やかさを確保すると同時に、町の構造を徹底的にバリアフリーで、自然が豊かで、歴史的な町並みをできるだけ保全活用する方向で整備し、町歩きを楽しくする仕掛けをたくさんつくって外部からも人々を大いに引き寄せて下町の復権をめざす、という方向である。

もう一つ、商店街から一歩入った木造家屋密集地区の防災安全性の確保も緊急に重要なテーマである。阪神淡路大震災の教訓からしても、いま貴重な公費を投じて道をつくるなら、この危険地区への進入路づくりの緊急性は高い。周辺地区の居住性を高めて公的住宅などを積極的に導入することで、近隣の居住人口をふやせば、これは確実に商店街の活性化に寄与しよう。

これらの既成市街地の魅力アップ作戦の方向は、一九九八年度になって政府から出された「中心市街地活性化」政策にも相当積極的に盛り込まれている内容であり、中央政府としても事態がここまで来ている以上、相当の公共投資もして、よほどの思い切った施策をやるのでなければ何の効果もないことは十分理解しているということを意味している。

つまり、「天の時」は来ているのであり、これまでの道路造り一辺倒の都市計画の破綻を踏まえた上で、本当に「生きたまちづくり」にむけて、官民一体で進める方向がほの見えているわけで、決して夢物語ではなく、公共的な支援のもとに着実に実現が可能な方向でもある。

現在、三田市としては「中心市街地活性化基本計画」の具現化にむけて、既成市街地の開発マスタープランを作成中と伺っている。筆者もじつは商店街協同組合の会員の一人であるが、いまどこまで進んでいるかという情報が、末端まではまったく入ってこない。だから、内実もわからず、的外れな発言になるかもしれないが、このような話は、商店街の現場での日常的な話題にならなければ本物ではないという気がしてならない。

期待にみなが胸を膨らませて、「さあやるぞ」という気合の入ったマスタープランこそが必要なのである。

それは、まさに住民参加で知恵を集めるというプロセスがあって始めて可能となろう。役所やコンサルタントの他人まかせでは「時間」がどんどん過ぎていくばかりである。地元として、上記のような筆者の意見も一つのたたき台にしていただいて、これまでの論議をもう一つ乗り越える方向で真剣に再検討され、自らの知恵をしぼって実行力のある計画を提案され、関係各方面の協力を得て着実に実現されることがもっとも必要なのではないかと考える。

一九九七年度の一年間は、ほんまちラボにかかわる傍ら、筆者自身は以前に活性化プランの策定に関わった古巣の長崎市の観光地のど真ん中にある商店街の空き店舗対策事業のコンサルタントを引き受けていたので、平行して向こうの商店街の熱意のある人たちといろいろな努力を試みた。

長崎の事例では、県と市が商工会議所を通じて公的資金を投入し、地元の商店街の有志が空き店舗を借り受けて店舗を開設して悪戦苦闘したが、結局次年度以降の店舗営業につなげることができず、事業はほとんど不成功に終わった。

このケースの最大のネックは、第一に役所の予算制度の関係で事業が単年度限りであったために時間的な余裕がなさすぎたこと、第二にバブル期に財テク目的でその物件を入手した県外の資産家が法外な賃貸料を要求しており、いかに商店街が空き店舗の存在で困っているかを訴えても、むしろこういう事業の対象になったことで再び資産価値のアップが期待できると考えたのか、もともと地縁も愛情もないことから、いっさい交渉に応じないという点にあった。

このように、商店街が抱える問題はそれぞれ若干の肌合いの違いがあるし、実に難しい。

しかし、難しいからこそ研究しなければならないのであり、しかも商店街の帰趨は、わが国のまちづくりの根幹を規定する大問題である。ラボをつくったからには、かじりついてもこの難しい課題に取り組まねばならないし、これはきっとやりがいのある素晴らしい勉強になるし、最先端の研究テーマになる。

なお、問題の道路拡幅問題のその後の経過であるが、商店街の通り全体を全部なぎ倒して十四メートルに拡幅するという案は、詳しい事情はよくわからないが、一九九九年末の段階で、ほぼ立ち消えになった模様である。

二〇〇〇年三月に発行された「三田市中心市街地活性化基本計画」には、ずっと以前の一九六三年に都市計画決定された道路計画路線のまま、駅前から来て武庫川を渡った十六メートル道路はまっすぐ本町商店街を横断して直進し、商店街の通りについては、片側だけ拡幅して九メートルにする元通りの計画がそのまま採用されている。また、本町商店街の通りに関しては「ふるさとの息づく道」という、伝統的な景観を復活させるかのような表現がされている。ただ、具体的な提案は明記されていない。

これまで長い年月にわたって、商店街としてはひたすら道路拡幅の方向を追求してきただけに、この結末に違和感やある種の敗北感を覚える向きもあろうが、ともかく振り出し

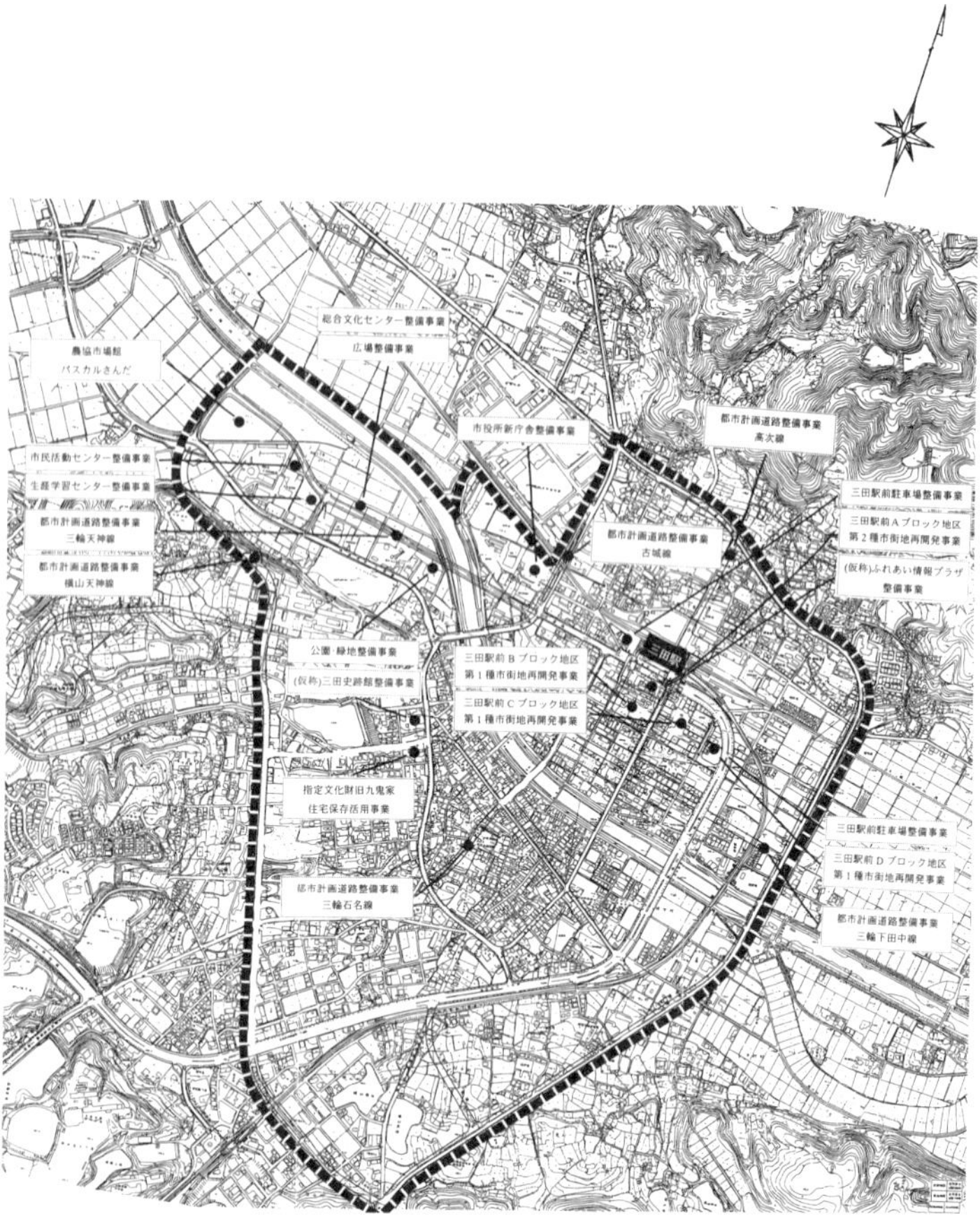

「三田市中心市街地活性化基本計画」主な事業位置図
(『三田市中心市街地活性化基本計画 平成11年改訂版』より)

に戻ったらしいのである。しかし、わが国の「都市計画」は、計画と実施とは別問題とされていて、この都市計画道路がいつどう実現するのかについても、時の政治情勢などとのからみで皆目検討がつかない。十六メートル道路の直進にしても、商店街の九メートルへの拡幅にしても、もし実施となれば先に指摘したのと同じ長年月にわたる混乱が起こるわけで、はたして今どうしてもやらねばならぬ必要があるかといえば、大いに疑問のある「計画」なのだ。

第二章

三田という町

三田青磁を生んだ町

ここでしばらく、「ほんまちラボ」が居を構えたところのわが三田市のことについて触れておきたい。

兵庫県自体が、ちょうど本州の中央部に位置するが、そのまた中央部に位置するのが三田市である。市の面積は約二万一千ヘクタールで、兵庫県下では、神戸市、姫路市に次ぐ第三位。三田市の誕生は一九五八年七月で、その当時の人口は三万二千人余り。以来、人口は近年急増して、一九八七年からは一〇年連続で人口増加率全国第一位を占め、二〇〇〇年にはついに十一万人に達し、なお増加中である。

人口増加の主たる原因は、三田市の位置が大阪・阪神都市圏の外縁部にあって、緑豊かで良好な住環境を有するところへ、近年JRの複線化や神戸電鉄の延伸、高速道路網の充実で大都市圏との時間距離が大幅に短縮したことと、民間の大規模開発に加えて、兵庫県と住宅・都市整備公団（現・都市基盤整備公団）などの公的機関による大規模なニュータウン開発があいついだことによる。

三田市の公式ホームページよりその歴史をひもといてみると、「三田」の地名の歴史は古く、市内の金心寺本尊で約千三百年前の作とされる重要文化財の「弥勒仏坐像」の胎内墨

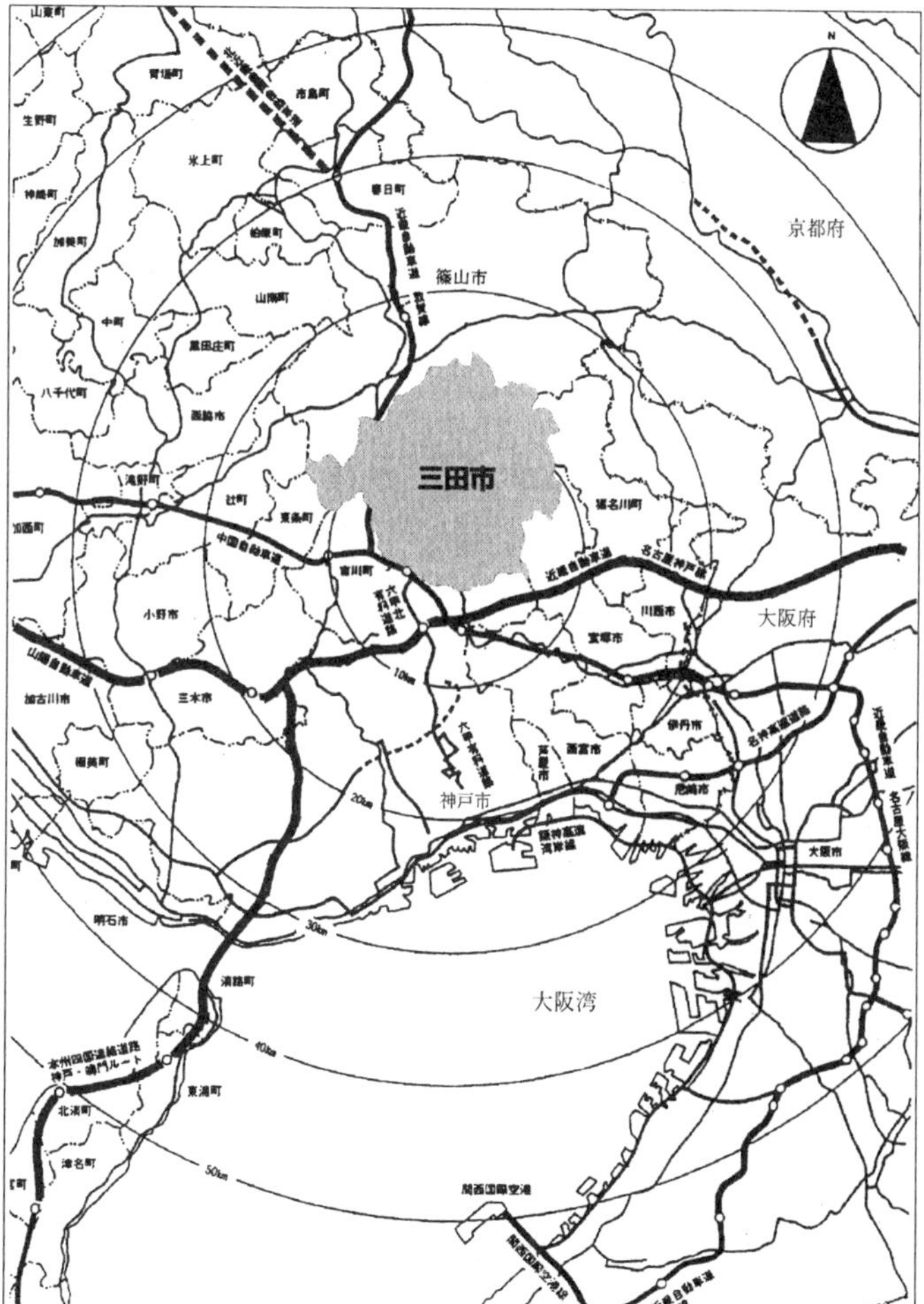

三田市の位置（『三田市中心市街地活性化基本計画 平成11年度改訂版』より）

書に、松山庄と呼ばれたこの地に、「恩田、悲田、敬田の三福田」という、今で言う福祉政策を目的とした田を設置したことが記されていて、そこから「さんだ」と呼ぶようになったという説が紹介されている。

ちなみに関東方面で「三田」といえば、東京都港区の三田（みた）がよく知られており、慶応義塾発祥の地として同大学の別名ともなっている。

そして、三田（みた）の向こうを張るようにして、三田（さんだ）の地に関西学院大学が「神戸三田キャンパス（KSC）」を開き、やはり慶応大学が一歩先に「湘南藤沢キャンパス（SFC）」に設立してわが国の大学界に旋風を巻き起こしたのと同一名称の「総合政策学部」を設立したのも何かの因縁であろう。

「みた」は「御田」に由来し、神領あるいは皇室領あるいは官司直属領の田とされ（広辞苑）、三田（さんだ）の地名もまた有間皇子の御田（みた）に由来するとの言い伝えがあると、郷土史家の高田不折さんが地元の六甲タイムス紙に紹介されている。（「三田本町史」平成9年2月）。このように「御田」あるいは「田」という、神聖な生産の場に由来するという共通点も興味深い。

全体が緩やかな丘陵地で、比較的穏やかな気候の三田市の一帯には、太古からの人々の営みがあった。これまでに見つかった最古の遺跡は、今から二万五千年前の旧石器時代の遺跡であり、石のナイフや鏃（やじり）が発見されている。ニュータウン開発などの事前調査もふくめて、三田市では数多くの埋蔵文化財が発掘されており、この地の住み良さを裏付けている。

その発掘調査の作業に従事した人たちをはじめ、市民の方々にわが町の価値を再認識してもらいたいと三田市教育委員会が発行した「お母さんの考古学」「おっちゃん・おばちゃんの考古学」などのシリーズは、全国的にも高い評価を得て、この種の本ではめずらしいベストセラーになっているという、いい話もある。

縄文時代、弥生時代、古墳時代と時が過ぎる間も、現在の三田市内各地には数多くの人々が暮らしを営んだであろうこと、また、そこにはいくつかの豪族が君臨したであろうことが、近年発掘された数多くの遺跡から推測されている。

やがて奈良時代の七世紀末になると、三田の盆地を一望する高台の地に「金心寺（こんしんじ）」が造立された。金心寺は、藤原鎌足の長子の定慧（じょうえ）和尚の開基と伝えられる名刹で、その門前町として三田の町はまず形成されたのである。

鎌倉、室町、そして戦国時代と豪族の支配が続き、安土桃山時代末期には有馬氏のあとを襲った荒木氏の手で城が築かれ、そのときすでに「本町」をふくむ三筋の町場からなる城下町が整備された模様である。

その後さまざまな城主が登場したのち、江戸時代初期には九鬼氏三万六千石の陣屋がおかれて、市街地の拡張がなされ、本格的な城下町（城ではなく天守閣のない陣屋であったので「陣屋町」とも呼ぶ）が形成された。

町人の居住地には、藩札の札元引受人として藩札発行引替事務を任されていた御用商人で名字帯刀を許されていた「惣年寄り」を責任者とし、その下に町人の選挙で選ばれる町年寄りと組頭を置く、限定された自治組織が形成されたという。本町筋は町人町の中心として大いに賑わったものと思われる。

内神屋惣兵衛の銘入りの三田青磁　波頭文花生（三田市指定文化財）（写真：三田市教育委員会提供）

江戸期における三田の重要な産業として焼き物があり、なかでも技術的かつ芸術的にみて、わが国で生産された最高レベルの青磁の一つとされる「三田青磁」の名はよく知られている。

「改訂三田焼陶史」青木重雄著（財・兵庫県陶芸館一九八七年）によると、中世の六大古窯の一つとされる「丹波焼」（現在の「立杭焼」、兵庫県多紀郡今田町を中心とする）の隣接地区である三田地区における陶器生産は、少なくとも宝暦年間（一七五一―六三）以前から行われていたとのことである。
そして、全国の窯元が夢とした「青磁」の生産をこの地で創始したのが、三田焼の名工の内田忠兵衛（生年不明、文化十年、一八一三年没説）であり、忠兵衛の技術に惚れ込み、そのスポンサーとなって、二人三脚で「三田青磁」の本格的生産をすすめたのが、米問屋で大阪の米相場で巨富を得、また大名貸しもしていたとされる豪商神田惣兵衛（宝暦十二―天保九、一七六二―一八三七、屋号は内神屋）である。

ところで、わが「ほんまちラボ」の建物こそ、この豪商神田惣兵衛の屋敷の正面の一部であり、先日雨漏りの補修のためにラボの大屋根に登った際に、鬼瓦に「享和元年（一八〇一）三月吉日」の銘が刻み込まれているのをこの目で確かめた。もし途中の建て替えが無かったとすれば、年代的にみてこの建物に神田惣兵衛自身が居住していたことは間違いない。

無知とは恐ろしいものだ。はじめ「ボロ小屋だけど、まあいいか」と軽い調子でお借りしたのが全く恥ずかしい。歴史をひもといてみると、われわれはまさに三田青磁発祥の地ともいうべき、地域の歴史の重要な一ページを刻んだ由緒ある建物の一つにラボを構えさせていただき、パソコンを置いてゼミの活動をやっているというわけなのだ。

ちょうど二〇〇一年は、この神田惣兵衛宅の築二百年にあたった。そこで、「ほんまちラボ」の二階を整備して、「三田青磁」の特設ギャラリーを造ってみたい、と考えていた。たまたま神戸新聞社のスタッフが、五月の連休に、ほんまち通りの全体を会場とする「アートイベント」を企画し、これにわがゼミとしても運営に全面的に協力し、積極的に参加することとなった機会に、イベント運営のほうは学生の諸君にお任せして、小生はこの夢の実現に全力投入を試みた。さいわい学生のTくんが骨董に興味を抱いて担当してくれたのと、三田市教育委員会の文化財担当の専門家の皆さんが協力してくださったので、三田青磁の窯跡発掘で出土した陶片を大量にお借りしてきて、見事な展示ができた。

本町全盛時代

明治に入って、三田藩の陣屋町はいまの兵庫県中北部一帯にあたる北摂地区の中心都市へと地位が高まる。明治二年の版籍奉還の後、旧藩主九鬼隆義が藩知事に任命され、明治四年の廃藩置県のあと「三田県」が設置されたが、わずか四ヶ月で兵庫県に合併された。とはいえこの経過は、三田が「県」として自立できるほどの、この地方一帯の堂々たる

修復成った擬洋風建築の「旧九鬼家住宅」

中心地であったことを物語るものであり、その歴史と伝統は、今も大地にしっかりと刻み込まれていることを知らねばならない。

九鬼隆義を先頭に、本町に大店舗を構えていた御用商人などが、時代をとらえて開港地神戸に進出して要所の土地をおさえて町づくりの基礎を築き、対外貿易に乗り出したりして巨富を築いたのは、旧藩の時代から洋学に強い関心を示していた、もともと鳥羽にあって海に強い九鬼氏の進取の気性と、小藩ゆえのハングリー精神がこの地に培われていたことによるのであろうか。ともかく、この時代この地からは、物理、化学の分野に精通し、わが国ビール造りの祖とされる蘭学者の川本幸民（一八〇一―七一）など多くの先覚者が誕生し、三田の経済的基盤を強固なものにした。

記録によると、明治八年（一八七四）に本町にキリスト教の教会が建てられ、その開設時に同志社の創設者である新島襄が来賓として訪れたとある。また同じ頃、医師の有志による三田慈善病院施療所が本町に建てられ、士族の居住区であった屋敷町の一角に、和洋折衷あるいは擬洋風建築とよばれる不思議なデザインの「九鬼邸」が建てられている。文明開化の波は、この地にもとうとうと流れ込んできていたのである。

ちなみに「旧九鬼家住宅（九鬼邸）」は、所有者から三田市が譲り受けて修復し、兵庫県の指定文化財として二〇〇一年十一月から一般公開されている。建物の全体は商家風の二階建てであるが、正面向かって左側の二階のベランダ部分と窓が洋風の造りになっている。設計は維新後の九鬼家の当主で鉄道技術者でもあった九鬼隆範で、当時の設計図や製図道具などが内部に展示されている。

本町通りが全盛期を迎えるのは、この時期から明治三二年（一八九九）に阪鶴鉄道（現JR福知山線）の神崎―三田間が開通して三田駅が設けられた頃までである。

個性と風格のある各種の商店が軒を連ねる本町通りは、有馬郡随一の中心商店街として、いつも人通りがたえず、夏祭りや年末の「せいもん（誓文）」市ともなれば、押すな押すなの人出であった。

鉄道によって近隣地区から三田に物資や人が集中するようになって、本町もその中心商店街としての声望を集めたのであるが、駅の開設で形成された駅前地区の一帯が次第に商店街としての力をもちだし、昭和三年（一九二八）の神有鉄道（現・神戸電鉄）の開通でその傾向はいよいよ助長されて、本町通りの圧倒的な地位には、かげりが見え始めた。

戦後は、闇市の横行や、駅前地区につながる「銀座商店街」の整備などもあって、本町の相対的な地位は低下したが、それでも、駅前は武庫川の氾濫による水害の問題があって都市化がなかなか進まず、伝統的な商店街としての本町の集客力は、なお相当なもので、一九八〇年代頃までは普段も結構多くの買い物客で賑わっていたし、祭りともなれば、出店もたくさん出て、近在からはどっと人が来たものであった。

すでに周辺の町村との合併で大きくなっていた三田町は、昭和三三年（一九五八）七月に隣接町を合併して三田市となった。このときの人口は三二、六〇四人であった。

ニュータウン開発

一九五〇年代から積極的に高度経済成長政策を進めたわが国では、大都市圏への産業と人口の集中により、阪神地方においても住宅難は激化した。住宅難のもう一つの原因は人々のライフスタイルの変化であり、核家族化の進行と住宅の質の向上への要求が、さらに膨大な住宅需要を生み出したのである。

一方で、阪神大都市圏の外縁部にあたる三田市一帯では、道路と鉄道の交通環境の飛躍的な改善が約束されていたこともあって、無計画的な住宅地開発が虫食い的に進みはじめ、民間の大規模開発の動きも活発化し、このまま放置すると地域全体の環境悪化を招くことが予想された。

三田市丘陵部のニュータウン

最大のネックは水に関わる問題であった。もともと上水の供給不足があったところへ人口が増えて水需要が増加すれば、水道供給がパンクすることは明らかであったし、もう一つの大問題として、丘陵部が開発されて保水力が低下すると、これまでも盆地の宿命として頻発していた三田市の市街地部での洪水災害発生の問題が、いよいよ深刻化することは明らかであった。

したがって、この二つの問題の根本的な解決なしに、むやみな開発が進められては困る、というのが地域としての実情であった。

一九五〇年代から六〇年代にかけてのこの時期、関西全体を眺めると、地方から阪神都市圏に流入してきた大量の労働者の受け皿として、まず工場や事業所に近い田畑をつぶしては膨大な数の劣悪な木造賃貸住宅（いわゆる木賃アパート）が続々と建てられて、これが深刻な問題を引き起こしていた。

住宅問題の激化はわが国全体の大きい政治課題となり、一九五五年の総選挙では、各党がそれぞれ独自の「住宅政策」を掲げた。国民が注視するなかで、ときの鳩山内閣は「住宅四十二万戸建設構想」をかかげて「住宅建設十カ年計画」を策定し、これに基づき一九五五年には「日本住宅公団（現・都市基盤整備公団）」が設立されて、地方自治体による木造あるいは鉄筋コンクリート造の公営住宅の大量建設に加えて、「中流階層」向けにも公的な住宅の直接供給が開始された。

住宅公団による、いわゆる「団地開発」が、都心部に直結する私鉄沿線の丘陵地で続々と進められ、地域の伝統と全く無関係な生活を送る「ダンチ族」の目新しいライフスタイルが話題となった。

ただ、この時代の住宅政策の基本は、あくまで「戸数主義」であり、戸数を稼ぐために開発地は次第に郊外化していったが、このような住宅のみの開発では、学校や商業施設および水道供給や通勤交通手段が不足するとともに、開発行為による流域保水力の低下が下流部に洪水災害をもたらすといった深刻な諸問題が当該地域一帯に生じることが大きい問題としてクローズアップされ、これらを同時的に解決する総合的な地域開発の方向が求められるようになった。

このような状況を積極的に打開しようとしたのが、十五万人の新都市づくりをめざして大阪府の手で北大阪の丘陵地約一、三〇〇ヘクタールを開発した「千里ニュータウン」開発事業であり、これは一九五八年頃から実質的にスタートした。

「ニュータウン」という言葉と定義には、いうまでもなく十九世紀末にイギリスのE・ハワードが著した「明日への田園都市（Garden Cities of Tomorrow）」の思想と、その著書が提起した、農園と工場と住宅地をワンセットにした「職住近接」の自立した「田園都市（ガーデンシティ）」を大都市の近郊につくろうという夢に魅せられた一群の人々によって、二〇世紀初頭にはロンドン郊外に実現した「レッチワース」と「ウェルウィン・ガーデンシティ」の二つのニュータウンのイメージがある。

専制的な領主によるエンクロージャー（囲い込み）で農村を追われた農民たちが、折りしも産業革命で大量に必要となった低賃金労働者となり、大都市の一角に集住して劣悪な巨大スラム地区を形成していた状況のなかで、発明家のハワードが提唱したのは、「都市と田園の結合」による社会政策的な問題の解決であった。そして、この動きは、世界のまちづくり思潮に大きい影響を与えて、またたくまにヨーロッパ、アメリカ、そしてわが国にも明治末期の阪神間の郊外住宅都市づくりや田園調布の都市づくりなどに影響を与えた。

さらに一九三〇年代には、住宅都市造りについての理論と実践が一斉に開花した。アメリカでは、C・A ペリーの「近隣住区理論」（一九二九）が生まれた。日常生活の基礎単位としての、人口五千～一万人程度の近隣住区（ネイバーフッド・ユニット）を住宅都市づくりのための建設単位に設定する考え方であり、これが保険会社によるグリーンベルトタウンズの建設（一九三〇年代）を推進し、ソビエトでは工業都市建設（一九三〇年代）、そしてナチス・ドイツの新都市計画、とくにG・フェーダーの「二万人の新都市」の発表（一九三三年）などがあり、わが国でも満州侵略における植民地都市づくりにおいては、その技術的な適用が進められた。

しかし、これらの新都市づくりの動きは、第二次大戦の深まりのなかで世界各国ともに軍事と国防に圧倒されていき、また国際的な情報交流も途絶えて戦後に至ったのであった。

戦後の戦災復興都市づくりを現実に支えたのは、戦時中に植民地都市づくりなどに従事した一連の人々であり、以上のような蓄積が一定の影響を与えたことは否めないが、一九五五年以降の住宅公団による大量の住宅団地開発が進むなかで、田園都市やニュータウンづくりの理念は技術者たちの脳裏に色濃く蘇ってきていた。さらにイギリスでは、第二次大戦後の都市復興計画において、ロンドン周辺に十数個の職住近接型の「衛星都市」を建設することで大都市問題を克服しようという壮大な「大ロンドン計画」が樹立され、着々と実現していたし、同様の動きが世界各地で進められているといったニュースも、わが国に具体的に伝えられて、ニュータウン造りの機運が高まっていたのである。

千里ニュータウン開発においては、「職住近接の衛星都市」という、イギリス型のニュータウンの原理を導入して大都市問題の解決をめざそうといった議論は、現実的に無理であるとほぼ最初から排除された。その主たる理由は、緊急に建設が必要とされた住宅の量が、田園都市が提唱するような二万人程度ではなく、桁外れに多かったことと、ともかく現行法規と体制の枠内で「実現」させることに重点を置かなければならないという、建設を推進する側の政治的な事情があったと思われる。援用された理論は、最善策とされながら実現の進まない「内部市街地の再開発」や「衛星都市の開発」のかわりに、その即効性をじゅうぶん期待できる「郊外通勤都市の開発」を「現実的次善策」として推進すべきであるという、日笠端らの考え方であった。（このあたりの経過は、拙著『実験都市――千里ニュータウンはいかに造られたか』社会思想社　一九八一　に詳しい）

「実現」のための具体的な方策として、大阪府営水道の建設による上水の供給と、河川改修や道路建設工事の先行実施、都心と直結する鉄道の新設などを同時に事業化し、駅に付随して中心商業地区を設け、学校や医療施設など日常生活に必要な施設はすべて開発地区内に建設するという画期的な計画が盛り込まれた。

つまり、開発によって予想される諸問題を、地方自治体が事業主体となることによって並行的に各種事業を盛り込むことで総合的に解決するとともに、それまでのモノカルチャー的な住宅地開発とは異なり、収入を得る以外の生活はすべて開発地区内で完結するような「都市そのもの」をつくりだそうとしたわけである。

この開発方式は、その後「新住宅市街地開発法」の制定（一九六三年）により、全国に波及することとなり、この三田市一帯の「北摂ニュータウン」開発にも適用されたのである。

ちなみに筆者は、一九六二年に学窓を出て、この千里ニュータウン開発事業を担当した大阪府企業局に奉職し、一九七〇年までの八年間、開発の当初段階から一応の完成に至るまでの中心的な期間に、公務員技術者として、第一線の現場でニュータウン開発に関わる企画、上級官庁や警察、郵便、電鉄、電気、ガス、バス会社、医師会、近隣商業者、土地所有者などとの協議や交渉、ニュータウン内部についての基本計画や実施計画づくり、現地の測量、宅地造成や遊水地や各種建物の計画、実施設計、発注業務、現場監理、住民や商業者からの苦情相談などの大規模なまちづくりに必要なさまざまな仕事に従事させていただいたので、この間の経緯を内部にあってしっかりと見てきた数少ない一人である。

この「新住宅市街地開発法」は、千里ニュータウン開発にも中途から適用され、その後多摩ニュータウンをはじめとする全国の名だたる大規模公的ニュータウン開発の大半に適用された。そして、三田市における北摂ニュータウン開発が最後の適用事例の一つになるだろうとも言われており、筆者は不思議なご縁でわが国の最初と最後の事例につき合うことになったというわけである。

神戸三田国際公園都市の開発

兵庫県下では一九六〇年代の末頃から、兵庫県、神戸市、三田市、住宅・都市整備公団の四者が一体となって、六甲山系と中国山脈に囲まれた自然環境豊かな北摂、北神地域に、住宅、工業団地、学園地区などを総合的視点から整備する大規模な都市開発をスタートさせた。

北摂ニュータウン開発は一九七〇年に「北摂地区新住宅市街地開発事業」と「北摂工業

団地造成事業」の二つの都市計画決定によって用地買収が始められ、やがて開発事業は「神戸三田国際公園都市」と名を変え、「関西屈指のビッグプロジェクト」の一つに位置づけられて進行していった。（「未来都市シンフォニー」一九八九、兵庫県、三田市、住宅・都市整備公団発行パンフより）

まず、都市基盤の整備としては、都市用水の確保と下流域の洪水調節を兼ねた多目的ダムの「青野ダム」が建設された。広大な面積の農地が犠牲となる計画であったため、計画発表は一九六七年であったが完成は一九八八までかかっている。関係者のお話では、地元としては優良農地の消滅が相当辛く、反対もしたが、下流域の洪水防止には協力せざるを得ないと考えて、最終的には泣く泣く受け入れを決めたとのことであった。そして、この「青野ダム」にメドがついたことで、ニュータウン開発にようやくゴーサインが出たのである。

同時期に、浄水場、流域下水道および浄化センターの建設と、三田市内の中央を流れ、流末は瀬戸内海へと注ぐ二級河川の武庫川の市内における蛇行部のショートカットを含む河川改修工事が進められている。

また、交通基盤の整備については、「西日本を東西に結ぶ中国自動車道」と「日本海側と太平洋側を南北に結ぶ舞鶴自動車道」の二つの高速道路の結節点が隣接して設置され、関連道路の建設なども進められた結果、この地区一帯は「西日本有数の一大高速アクセス拠点」となった。

また鉄道に関しては、JR宝塚線の複線電化と神戸電鉄の公園都市線新設などが相次ぎ、大阪・神戸の二大都市への通勤の足が確保された。

神戸三田国際公園都市の開発計画について、上記パンフは次のように述べている。

「三田市域にあるフラワータウン、ウッディタウン、カルチャータウン、テクノパークの四つの街と、神戸市域に位置する三つのゾーンからなる神戸リサーチパーク、藤原台の八つの個性的な街が、それぞれの特性と機能を発揮し、独立性を保ちながらも、有機的に結びつき、二十一世紀の複合機能都市を目指しています。」

「その開発のコンセプトは、人間居住の質の高い都市空間づくりで、生涯学習機能、高度産業機能、情報・文化機能の四つのテーマから成っています。」

「この三田市域では、フラワータウン、ウッディタウンが中心となり、カルチャータウンが国際、文化交流を担い、テクノパークが最先端の生産機能を発揮する計画です。」

つまり、従来大阪府などが進めてきた「ベッドタウン（ねぐら）型」のニュータウンではなく、住む場と働く場とが隣接した「職住近接型」の「自立」したニュータウンづくりを目指したところに特徴があるとしたわけである。

大阪府に対して、かねてから相当な対抗意識を持っていた兵庫県が、住宅・都市整備公団とともに描いた野心的な計画であった。ただ、実際には「自立型ニュータウン」と銘打ったところで、当初の入居者の大半は大阪、神戸に職場をもつ「通勤族」が基本であり、この人たちが年月を経るなかで近在の職場に移る可能性があるか、また、本社が移ってきて安定した税収が期待できるのか、といえば、いずれも願望のレベルであることは明らかであった。

公共事業の推進理由によく使われるこの種の「願望型のコンセプト」は、絵柄としてわかりやすく、市民や議会への説明の際に一定の説得力があり、この場合も高らかに掲げることによって、関係者を大いに奮い立たせたのであろう。

新しい都市への入居が始まったのは、住宅・都市整備公団が開発を担当したフラワータウンが最初で一九八一年十月。その翌年早々に「青野ダム」が着工し、四月にはフラワータウンの「まちびらき」の行事がおこなわれた。兵庫県北摂整備局が開発を担当したウッディタウンの「まちびらき」は一九八七年三月。この年から、人口増加率全国第一位が十年間続いたわけである。

なお、この間の大きいイベントとしては、一九八八年に開かれた「北摂・丹波の祭典ホロンピア'88」があり、三田市と神戸三田国際公園都市が「都市と住宅と公園をテーマにしたわが国はじめての博覧会」のメイン会場とされたことなどがあげられる。

第三章

オールド&ニュー、異質な空間の混在

商業環境の変化

ここで本題の本町通りにもどって、三田市の人口がニュータウン開発の進行によって年々急増していった間に、全体的な商業環境がどのように変化したかをみてみよう。

本町通りの主たる商圏は、いうまでもなく三田市とその周辺部である。一般に商圏人口がふえることは、当該商店街にとって大きいプラス要因であり、大いに歓迎すべきことの筈であるが、ここ本町通りではこれが逆に作用した。つまり、増えた人口ばかりか、これまでの顧客までもが、ニュータウンに新しくできた大規模なショッピングセンターへと逃げていったのである。

わが国では地方都市の在来の商店街が、近年軒並みに危機的状況に陥っており、空き店舗の続出で「シャッター通り」と揶揄（やゆ）されるほど、青息吐息の状況にある。この傾向は地方都市ばかりではない。大都市の代表的なショッピングストリートですらも閑古鳥が鳴いている。

この理由についてはすでにさまざまな指摘がされているが、なかでもクルマ社会化の進行など人々のライフスタイルの変化に相呼応するように、郊外型できわめて強力な大規模ショッピングセンターがどんどん出来て、人々の消費を吸い上げたことが大きい。

地方都市のように、消費の「パイ」の大きさがほとんど決まっているなかで、大規模店舗が突如出現してその大半を取り込んでしまえば、在来の商店街の生きる道が閉ざされてしまうのは、理の当然であろう。

もちろんきまった顧客を相手に、企業努力なしに時代遅れの商売を平気でやってきた報い、という側面もないではないが、流通システムを自由に操る力を持っている大資本とは、はなから勝負にならない。

それに加えて、三田市の場合にはもう一つの側面、つまり新しく開発されたニュータウン空間の構造そのものが、すべてをニュータウンの中心商業施設に集中させるかたちになっているという事実を指摘する必要があろう。

ニュータウンにおいては、それぞれの住宅からの人々の歩く道、自転車道、クルマ道、バスルートなどのすべてが、駅舎をふくむ中心施設の方向に向かってもっとも便利が良いように設計されている。

しかもこのルートは、ニュータウン内にとどまらずに地区外の地域にまで伸びており、在来の人々までが、吸い寄せられるようにニュータウン中心に向かう構造になっているのである。

この理由の一つは、一般にわが国のニュータウン開発事業は、地域空間の歴史や伝統とは一応切り離したかたちで、「独立採算方式のプロジェクト」として進められるために、事業そのものの採算性が大きい課題とされていることにある。

公的な事業である「新住宅市街地開発法」に基づくニュータウン開発事業の場合も、「土地分譲を基本とする独立採算システム」が原則とされており、用地買収の費用に、宅地造成などにかけた費用を加えた「土地の原価」を、道路や公園などをのぞいた、宅地や商業地などの「売れる部分」でもって回収する、というのが事業の基本システムとなっている。

ところが、住宅地には一般に、設定した購入予定層の収入レベルによって一定の「相場」が形成されている。つまり、宅地の売価を「相場」の価額以下に抑えないと売れないから、そこをうまく調整して完売しないと、事業そのものが成立しないという仕組みなのである。

しかも事業は公的な住宅政策として行われるのであるから、宅地の売価を、「高嶺の花」ではなく、かなり広範な需要層の手の届く金額にまで抑えて始めて事業実施の大義名分が立とうというものである。

このとき、事業採算面でもっとも頼りになるのが「商業地」であり、都市設計によって中心部への人々の集中度を思い切り高めて、その土地の経済価値をアップし、高価額で売却することができれば、収入の全体をプール計算することで住宅地部分の分譲価額を「相場」程度かそれ以下に低く抑えることができる。

中心商業施設地区から、開発地区外へも触手をのばせる構造にすれば、求心力はいよいよ強まるわけで、中心地の地価の市場価値を高めるためには、それも当然ということになる。これがニュータウン開発の「からくり」であり、ニュータウン住民が在来商店街に向かうどころか、ニュータウンの中心商業施設が、在来商店街の商圏からも顧客を吸い取っていった仕組みである。

したがってこの問題は、地域が独立採算プロジェクト型のニュータウン開発を受け入れたことによる当然の帰結であった、ということになろう。

ニュータウン発祥の地のイギリスで、一九六〇年代の後半にはプロジェクト型のニュータウン開発を一切やめ、都市域の拡大においては、既存の街を核としてその周囲を広げていくタイプの「エキスパンディングタウン（拡張都市）」へと方針変更をした最も有力な理由の一つがこの問題であったとされている。

だから、元々の住民なかんずく既成商店街の商業者の立場からいうと、このようなタイプのニュータウン開発を無防備に受け入れたことは大いなる失敗だったのである。まず、在来の商店街を含む市街地部を構造的に強化しつつ、エキスパンディングタウン方式での郊外開発をゆっくりと受け入れ、人口の増えた分がまるまる利益増に直結するような、自治体が主体となって「都市の成長を管理するシステム」の確立こそが本来の筋道であった。

時間をかけてゆっくりとしたテンポで人口が増えていく場合ならば、地元自治体の側も既成市街地部についての長スパンの計画をたてて、徐々に整備をすすめるというやり方でこれが出来たかもしれない。

しかし、一九八〇年代から九〇年代にかけての大都市圏からの膨張圧力はあまりにも性急でありかつ巨大であるのに対して、迎えうつ側はあまりにも無力であった。

まず巨大なゴルフ場開発が続々とやってきた。住宅地開発がこれに続き、黒塗りのベンツ？に乗った得体の知れぬ人物がうろうろし、これまで誰も見向きもしなかったような山林の地価が毎日倍々ゲームで高騰した。地価高騰をテコにしたバブル経済が一般市民を煽って、人々がわれがちに三田方面に土地を求めてやってきた。

三田市の現状についてはいろいろ批判もあろうし、筆者自身も、既成市街地や農村集落との連係のあり方や、都市的な猥雑さを全否定したような現在の三田市のニュータウン空間の無機質なデザインにはかなり批判的な考えを抱いている。

ただ、当時を振り返ってみて、京阪神大都市圏を震源地とするあのすさまじい膨張力の外圧に対して、名ばかりで「自治」のための権力も財政力も持たぬわが国の弱小都市の一つであり、これまでほとんど閉ざされたような環境のなかで静かに暮らしてきた三田市の市街地の構造や行政のシステムに、それを見事にさばくだけの包容力を期待するのは、現実問題として無理があったことは確かである。

それでも、少ないスタッフで知恵を絞り、放置すれば周辺丘陵部の一帯で恐るべき事態が進みかねぬ状況のなかで、これを「大規模な公的ニュータウン開発と広大な県立公園」の誘致でもって迎え撃ち、乱開発を未然に防ぎ、青野ダムをつくって水資源問題と市内の洪水氾らん問題を解決することに、とにかく成功した兵庫県および三田市当局の懸命な努力の軌跡は、今こそ正しく評価しなければならないであろう。

状況が千変万化し、自分がその渦中にあって時々刻々の対処を迫られる立場にあったとしたら、はたして当時どういう判断をしたであろうかと考えたとき、自分なら、よりましな方向を的確に見極め得た、と言い切るだけの自信は、正直なところ無い。

そのなかで、当時の対応計画として、既成市街地については、後述するように駅前再開発を目玉事業に設定するということ以外にめぼしい対策案が出されていない。おそらく対処の仕方が見えなかったのではなかろうか。

つまり、現行のシステムにのせてニュータウン開発を推進すると、必然的に独立採算原則のプロジェクト型の開発になり、そこにできる中心商業施設は、その求心力は高めざるをえない。もしそれをしなければ、新住民の不満が爆発するか、あるいは郊外のおそらくとんでもない場所に別の巨大な集客力を持つショッピングセンターが出現して、都市の交通システムが大混乱に陥るばかりか、住民の利便性が大きく損なわれて、既成市街地部もニュータウン部もふくめて、都市の全体がきわめて住み難い地域になってしまう恐れもある。

既成市街地の商店街が苦境に陥るであろうことは十分予想されるが、そのうち力のある個店については駅前再開発に組み込むことである程度まで救える。この流通戦争の時代に、弱小商店のすべてにまで目配りするような施策は、もともと無理な話だ、というのが当局側の考えの根底にあったのではなかろうか。

そのなかで本町通りに関して言うならば、駅前商店街との関係で、いわばたたかいに破れたあとは、大きい流れとしてすでに凋落の一途をたどっていたし、もちろんニュータウンの中心商業施設の影響も否定はできないが、それ以前の一九八〇年代後半には、もうすでにそこに今更新しい施策を導入しても意味がないところまできている、という判断があったとしても不思議ではない。

生鮮食料品の小型スーパーなどは比較的早い段階で撤退し、日常商品の店も元気がない。店主が高齢化し、後継者も無いなかで、やがて一軒また一軒と閉店していった。

それでも、本町通りの商人たちは、昔日の賑わいを取り戻すべく、懸命の努力を重ねた。おそらくわが国ではもっとも早い時期の試みであったと思われるのであるが、一九八八年には商店街の有志で「まちおこし会社」を設立し、通りの中央部分にできた空き家と空き地を買い取って、集会所「ほんまちプチホール」をつくり、ここで毎月恒例行事として若手落語会や音楽会を開いたり、その隣の駐車場には今でいうコンビニを新設して、買い物客が戻ってくることを期待した。しかし、時の流れに逆らうべくもなく、努力の甲斐なくコンビニはわずか一年で赤字のために閉店。莫大な借金を関係者で肩代わりする羽目になったという。

現在では、呉服店、神具店など、少数でも目的のはっきりしたお客が相手の商店と、ここに本拠を置いて一応お店を張ってはいるものの、実は外部でしっかりと稼いでいるというタイプの商店以外は、細々と日々の商いを営んでいるという状況が、当時から今日まで連綿と続いている。

われわれが入れていただいた時点の本町通り商店街の状況は、いろいろな努力もむなしく、商店主たちは身も心も疲れ果て、道路拡幅で思い切って町をリニューアルするしかないのではないかとの心境に達していたようである。三田市が人口増に沸く一方で、この一角だけは「見事に取り残されたスポット」になっていたのであった。

既成市街地の問題と大型店の進出

田中角栄元首相の「日本列島改造論」が出された一九七〇年代以降、わが国の全体でプロジェクト型開発が全盛時代にはいり、京阪神都市圏においても、小規模、中規模の民間開発事業に加えて、各府県と住宅公団などによる「公的大規模開発事業」が大都市周辺部の丘陵地に「開発適地」を求めてさまざまな絵を描いた。

プロジェクト型開発の最大のポイントは、事業成立の可否であり、需要と供給のバランスがとれて独立採算で事業の成立が見込めたことが、神戸三田国際公園都市の開発が比較的スムーズに進んだ理由であった。

しかし、バブル経済がはじけた現在、当初描いていた計画の実現には赤信号がともっている。一九九七年に入って住宅需要は完全に冷え込み、ニュータウン地区内の住宅の売れ行きがぱったり止まって新築空き家が続出しているし、中心地区へのテナント入居にもかなりの困難性が予想されている。それでも関西圏の他地区の公的開発事業の多くが挫折し、そのつけが多額の負債として地域住民の肩にのしかかり、地方自治体の財政破たんの元兇となってきている状況をみると、一歩早く事業を進めたことで、三田市の場合にはまだまだ明るい要素があるのが救いだ。

いずれにしろ、ニュータウン開発を進める主体の県や公団の側は「開発事業の成立条件」の追求に精一杯であり、在来の地域との関係は地元自治体まかせというのが基本的な姿勢であった。

したがって、「ドカ建て」による「学校不足」や「高齢社会の一挙到来」といったわが国のニュータウン開発独特の諸問題や、ニュータウンの新住民と元々の住民とがうまく溶け合うかどうかという問題、さらに既成市街地の商店街が苦況に陥る可能性について、やはり一番苦慮してきたのは三田市当局である。

この点について、昭和五六年（一九八一）の三田市総合計画をみると、人口増の圧力を積極的に受け入れる方向として「内陸新都市圏における中核都市の形成」をかかげ、多様な市民交流とふるさと意識やコミュニティの醸成をうたいあげて「心のふれあう田園文化都市」を都市づくりの目標としている。

続いて平成三年（一九九一）の三田市新総合計画でも、上記の路線の延長が確認され、なかんずく既成市街地の中心部分の構造的な強化が大きい課題とされている。

そこで打ち出されたのが、ＪＲ三田駅前一帯に「市街地再開発事業」を導入して大規模な再開発を推進する事業であった。

当時、既成市街地対策として担当部局が考えていたのは、政治的なバランスという意味もあって、丘陵地部においてプロジェクト型の開発事業をどんどんやっているのに相呼応して、既成市街地対策としても目玉となるプロジェクト型開発の事業を高らかに打ち上げなければならない、という方向であったと思われる。

そして、この事業を推進することで地域の性格を「魅力ある商業・経済・教育・文化等の高次都市機能の集積をはかり、本市および周辺市町を先導する都市核を形成する地域」として育成し、ニュータウンの中心地区にも負けない、強力な既成市街地中心を形成しようとしたわけである。

計画は、駅舎の建て替えと、駅前地区に建設する再開発ビルとを一体化し、そこに核店舗として大手の百貨店を導入するとともに、既存の店舗を共同ビルに収容し、同時に数百台分の駐車スペースを確保し、また高層のオフィスビルと住宅棟も建設して、駅前地区全体に強力な商業ゾーンを形成する、というものである。

すでに事業は一九九七年度から工事に着工しており、すでに駐車場ビルと都市ホテルが完成し市出資の「第三セクター」が経営すると聞く。まもなく百貨店の入居を予定していた七階建ての駅前商業ビルが姿を現す段取りになっている。既成市街地の再活性化においても駅舎を核にするという基本方針は、人の流れからみても決して間違いではないし、この地域で頼りになるのはやはり駅だから、何とかこの事業が成功してほしいと念じるものである。

とはいえ、全国的に見て駅前百貨店がかなり苦戦しているなかで、このコンセプトが経営的に成功するだろうかという不安はあり、また、新しい共同ビルに駅前在来の店舗が再入居するかどうか、また事業地区に隣接する商店街地区に好ましい波及効果をもたらすかどうかについても不安があるようだ。しばしば「再開発のブルドーザー」などと呼ばれるように、在来商店街の活性化をめざした筈の再開発事業ではあるが、結局在来の店舗が元のさやに納まらずに消滅していくという事例も多い。

強力な百貨店のパワーを投入し、ハード面の整備に加えて、ソフト面での卓抜した経営力を駆使して、周辺商店街との連携をうまく進め、地域との連帯感のある駅前商店街が形成されることを心から期待していたが、残念ながら予定していた百貨店の入居は、二〇〇〇年度に入ってついに困難との通告があった。それでも今のところ、既定の都市計画事業として事業自体は進められている。はたして期待どうりの賑わい空間ができるかどうか。

もう一つの不安材料は、ニュータウン内外に、複数の大型店舗がどんどん進出していることである。

神戸三田国際公園都市（ニュータウン）の三田地区は、先述したように大きく四つのブロックより成っているが、その一つ「ウッディタウン」の神戸電鉄中央駅前の中心施設地区には、ついにシネマコンプレックスなどのレジャー部門と大規模駐車場のある全国区の超大型商業施設が進出した。しかし、これは二〇〇一年夏に本社が倒産し、今後の営業がどうなるか不透明という状況にある。JR新三田駅前の既成の準工業地区の工場用地がそのまま大規模な郊外型の大規模ショッピングセンターとして衣替えするという話は消えたが、ニュータウンの地区外にまた別の巨大な商業施設の進出計画もあり、さらにはもっと郊外に数十ヘクタール規模のメガストアが来るといった噂もある。成熟段階に入ったニュータウンの巨大な消費力を目当てに、三田市一帯はいよいよ大型店同士の激烈なたたかいの場になりつつある。

しかし、現在のわが本町通り商店街は、この嵐ともほとんど関係が無いようにみえる。駅前商店街からほど近いのではあるが、駅前に再開発ビルができて新しい賑わい空間が生まれたとしても、そこからさらに武庫川を渡って本町通りへと人の新しい流れをつくり出すのは至難の業と思われる。また、郊外に新しく大型店がもう一つ二つ出来たとしても、そのことがこの商店街に影響を与えるとは思われない。すでに、これらの動きを敏感に感じるような商店は、本町通りからとっくの昔に姿を消してしまっているからだ。

では、もうこの通りには復活の見通しはないのか、といえば、実はまったく逆で、この町には無限の可能性があり、努力次第で昔日の繁栄を取り戻す可能性がある、と筆者は考えている。

ヒントは次の三つである。

第一は、ゼミの学生たちとともに一九九七年以来ずっとこの通りを観察していて気が付いたことであるが、ここは周辺の小・中・高の学校の生徒たちの徒歩と自転車による重要な通学路になっており、早朝と午後の二度のピークには、道幅一杯になるほどの子どもたちがこの通りを行くという事実である。次の時代を担う子どもたちが通い慣れている通りに、未来が無いはずがない。

第二は、夏の「三田まつり」や十二月末の「誓文払い」のときにこの通りにあふれる、驚くほどの人出である。この大勢の人々は間違いなくニュータウンからやってきていると思われ、筆者はよく冗談めかしていうのだが、毎日まつりをやればこの町は一気によみがえる、という皮算用はあり得るのではなかろうか。じっさいヨーロッパの小規模都市の中心部などは、本当に毎日まつりをやっているような楽しさに満ちている。わが国でも決して夢物語では無い筈なのだ。

そして第三は、やはりこの通りのもつ伝統的な商店街としての風格と町並みの魅力が、近隣に超モダンな大規模ニュータウンが登場したことによって、いよいよ際だってきている、ということである。夏まつりにニュータウンの人々が色とりどりの浴衣がけでどっとこの通りにやってくるのは、現在のニュータウンに浴衣の似合う場所が全くないからであろう。

本町通りには、たとえば「和装の似合う町」といったコンセプトがぴたりとあてはまる。そして、時代はそういう空間を求めているのである。

町並み保存と観光振興、そして商店街の振興を結びつけることで大成功したとされる、滋賀県の長浜市や兵庫県の篠山町や出石町の事例は、いまや全国区で有名になったが、これらの都市の場合は、やはり大人口の集積地域からかなり遠いために地の利がないことから、どうしても「観光」につよくシフトして、相当無理をして「演技」や「演出」をせざるを得なかった点が泣き所であった。

秋の天神祭　本町通りを行く御輿（みこし）

「観光」には浮き沈みの激しい「水商売」としての側面がつよくあり、これにどっぷりと漬かることは、地域にとって危険が大きい。不況、災害、戦争、人気落ちなど何度もその波を乗り越えてきた老舗の観光地には、いざというときの心の準備があるが、これらの新興観光地には危なっかしい要素が多分にある。

本町通りの人たちもすでに各地の状況を何度も視察に行ったと伺ったが、今ひとつ「長浜型」に向かって踏み切ろうという機運が生まれないのは、やはり「観光地」特有の臭みと危なっかしさを感じておられるからではないだろうか。

それだけに冷静に考えてみると、歴史的な魅力を残しつつ、まさに商圏内に隣接して巨大なニュータウンができて大勢の居住者がやってきた本町通りには、他地区にはない、たいへんな有利性がある。それをどう生かすかの知恵が、まさにいま求められている時なのである。

異質な空間の混在こそ活力源

城下町の伝統を受け継ぐ「既成の市街地」と、「伝統的な農村集落部」に加えて、急速な人口増加の主たる原因となった「ニュータウン」の三つの異質な空間が、一つの市の中に混在することが現在の三田市の大きい特徴であることは、筆者自身この都市に赴任する前からわかっていた。

では、この三者の関係はどうなっているのか。三田市とその周辺部を手探りで歩きまわり、さまざまな人にヒアリングを試みた結果、おぼろげながら分かったことの一つは、やはりこの三つの空間の関係が、今ひとつしっくりといっていない、という問題であった。

しばしばニュータウン・モンロー主義などと揶揄されるように、わが国のニュータウンづくりには、プロジェクト型開発に独特の、ある種の独善性がつきものとなっているが、この問題は千里ニュータウン開発の頃からも、つとに指摘されてきた。

ニュータウンの周辺を歩くと、さまざまな怨差の声が聞こえてきた。クルマが増えゴミが増え、下流域では洪水の心配が増え、通勤時間帯は道路も電車も満員、商店街はニュータウンの大規模店舗にお客を持っていかれ、子ども達まで先祖代々の家を見捨ててニュータウンへと移住してしまった。

ニュータウンの居住者は、伝統のまつり見物にはやってくるが、その準備の寄り合いや共同作業などの煩わしいことにはいっさい参加しない。あなたつくる人、わたし食べて見て楽しむ人、金さえ出せばいいのだろうとエゴ丸だしだ、などなど。

庇を貸して母屋を取られるというが、どんどん増えて人口十一万人を超えた三田市人口のうち、なんと七万人余りが新来者だとなると、勝負はついたようにもみえる。

広い道路と整然とした町並みの近代的なニュータウンに比べたとき、狭くて曲がりくねった道路にごちゃごちゃと古い家が軒を並べる既成の市街地や、家のすぐそばまで迫ってきた宅地造成に追い立てを食らっているような農村部の姿は、どうみても元気がない。

しかし、一歩その内部に入ってみると、町としての成熟度が低く、互いにそれまで何の関係もなかった人々が突然隣人になったニュータウンには独特の住みにくさがあり、一方、隣近所に気心の知れた人がいて便利な小店もいろいろとある既成の市街地や、食糧の自給力があり豊かな自然に囲まれている農村部にはまた、独特の住み良さがある。

三田という都市を全体として眺めるうちに、このような異質な空間が市内に混在していることこそが、この町の新しい個性であり活力の源泉だということに気がついた。

そうなるとニュータウンに圧倒されているかに見えるオールドな部分の巻き返しをはかることが、この町にとって今いちばん必要なことではないか。人間どうしが、互いに張り合うぐらいの緊張感のある関係を構築することができれば、都市はおのずと活気づく可能性がある。

ニュータウン住民の視線を十二分に意識しつつ、彼らがジェラシーを覚えるほどの、歴史と伝統を生かした、すばらしく住み良く、生き生きとしたオールドタウンの復活。そしてニューとオールドの住民と空間とが、対比と協調で響き合い、見事なハーモニーをかもしだすまちづくり。

三田市から目を離して全国の状況を見ると、商店街はピカピカの新しい建物でなければという時代はとっくに終わり、歴史的な町並みをプラスのストックとみて現代のまちづくりに生かすという方向こそが、最新の商店街づくりのコンセプトの最も重要な流れの一つになっている。

じつは三田市の行政内部においても、それに呼応する視点が無かったわけではなく、既成市街地の建築ストックをイラスト化した「歴史の散歩道・歩intマップ」が、文化財保護委員会の協力を得て市教育委員会の手で一九八四年に制作されており、そこには「歴史の街から田園文化都市へ」という魅力的なキャッチフレーズが付されている。

このマップには、三田藩城下町の武家屋敷地区と本町通りを含む町家地区の瓦葺きの並んだ町並みが見事な俯瞰地図に表現してあり、先に述べた対比と協調路線でのめりはりのきいた市全体のまちづくりのなかで、既成市街地の都市像や本町通りの将来像は、この地図の延長上に追究すべきであることが、ほの見えてくるように思える。

「歴史の散歩道歩intマップ」（三田市教育委員会提供）

自然環境を大切に

もう一つ大事な点は、この町に残されている豊かな自然環境を、なお一層美しく元気に保全することである。大都市から三田市へと多くの人々が移住してきた大きい理由として、この地が自然環境に恵まれていることにあるという人は多い。なんと言っても空気がいいし、空が大きく拡がっていて、緑が多い。

しかし、かってはもっと豊かであった自然環境が、すでに大きく切り刻まれており、環境復元にむけての相当な努力が必要なときにきていることも事実なのである。なかでも、三田市の中央を横切って流れる武庫川の現状はかなり深刻である。

開発に伴う河川改修が、大規模な河川開削と拡幅と河道の直線化という方法で行われ、いわゆる三面張りの標準断面の川になってしまった。そのことによってたしかに三田市内の水はけは格段に良くなり、浸水対策には著しい効果があったが、その反面、無表情で魅力のないデザインの川が町のど真ん中を横切る結果となってしまっているのである。

洪水時と渇水時の水量の変動が大きく、家庭雑排水が流入していて水質も決してよくない。これが仮に自然度の高い、美しく魅力ある川に生まれ変わったとすれば、三田市の環境価値はさらに上がる。まだ残されている上流部の未改修の区域はできるだけ保全し、既改修部分は近自然河川工法による再改修で自然度をさらに高めたいものである。

川とその周辺がつくりだす連続した緑のネットワークに、点在する公園やその他の緑地を結びつけ、さらにその延長上に広大な里山をリンクするならば、全体としてビオトープのコリドー（生態系回廊）が出来て、地域の自然度は飛躍的に高まる。

武庫川についてもう少し言及すると、この河川改修は開発に伴う遊水池設置などの保水力維持義務とバーターされたという問題がある。つまり、ニュータウン開発において一般には必ず設置される恒久的な遊水池や調整池を設けるかわりに、河川改修を開発者負担で進めたのである。地区内には、遊水池などが一切設置されていないために、降った雨は地区内を素通りしてストレートに下流に向かう構造となっている。その結果として、下流域の西宮市や尼崎市への洪水発生の脅威を招いている。

その対策として、阪神圏から三田市に向かう途中の武田尾渓谷に、洪水調節のためのダムをつくるという計画が具体化されている。百年に一度の洪水には、下流部が耐え得ないために、このダムはどうしても必要だというのである。

たしかに、これだけ上流部で開発行為が進むと下流部が危なくなるというのは理解できる。しかも、流域のかなり多くの部分を占めるスギ・ヒノキなどの人工林区域が、いまたいへんなのだ。つまり、林業の衰退によって、間伐や枝打ちなどがいっさい行われないために、林の内部は真っ暗で、林床はかちんかちんに固まっていて、降った雨がここでもストレートに流れ出す構造になっている。

だが、都会の近くにある武田尾渓谷のような優れた景勝地を、むざむざと破壊してしまってはいけない。春の桜と初夏の新緑、真夏には渓谷に涼を求め、秋の紅葉、冬は武田尾温泉のしし鍋と、四季おりおりこの渓谷を訪れるハイカーや行楽客の数は、ハイシーズンには一日数千人を数える。以前と違って、こういう自然環境の価値は非常に高まっている時代なのである。

とはいえ、行楽のためには下流の洪水問題が放置されてもよいのかといえば、とんでもない話である。治水と自然環境の保全を両立させる方法はないものか。これについては、流域全体のバランスを考えた「総合治水」の方法が即効性もあり、かつ永続的にも有効だというのが筆者の意見である。

手順としては、まず最下流の西宮、尼崎の低平地の安全確保に取り組む必要がある。第一は武庫川下流の堤防の詳細な診断を行い、弱い個所は改修して「破堤」防止を確実にすること、第二は低平地を堤防の外から襲う「内水」排除を確実にすること、これには排水ポンプの増強が必要と思われる。こうして下流の人びとの命が確実に守られ、暮らしへの被害を最小限に抑える体制をととのえたうえで、上流部の保水力を強化するのである。

たとえば上流部の三田市内だけでも、ため池の数が二千五百をこえるのではないかといわれている。いうまでもなく農業用水の確保のための池であるが、相次ぐ減反でいまや三十六パーセント減反ともなると、池の維持管理がたいへんだし、それほどいらなくなったこともあり、ほとんど放棄されたままの池もある。また老朽化して危険なため池もたくさんあるようだ。これらを、洪水時の対策のための遊水池として活用することは十分可能であろう。もちろん役所でいうと、ダムを担当する建設部局と、農地を担当する農水部局の縦割りの問題があろうが、水を治めるものは天下を治めるというように、そこをうまく調整することこそが地方自治体の役割であろう。

つまり、現行の大規模河川改修とダム計画のセットではなく、流域全体の安全と環境保全のために、下流部の緊急対策と、森林の保全と広葉樹林の育成、小規模な保水、遊水施設を上流域にたくさん造って全体の保水力を高める「総合治水」を着々と進めることで、残されている「武田尾渓谷」のような景勝地の自然河川の部分をできるだけ保全し、さらに上手に育てて、強固なビオトープネットワークを確立していくという方向である。

さいわい兵庫県当局も、河川法改正（一九九七年）の趣旨にのっとり、流域住民とともにダムに頼らぬ総合治水策の検討をはじめている。筆者のみるところ、ため池の活用だけでなく、これだけ広大な後背地を有する流域であるから、さまざまな方法での保水力増強は十分可能であり、一刻も早くその実現にむけて手を打っていく必要があると思う。

第四章
商店街の教育力

オープニングとお宝展

「ほんまちラボ」がささやかながら正式にオープンしたのは、一九九七年六月一日の日曜日である。先行きどうなるかあまり自信がなかったので、行政や市内の主だったところへのご案内などは一切しなかったが、地元新聞に報道されたこともあって、商店街以外からもこの間に親しくなった方々が駆けつけて下さった。

ゼミ生A君とK君のトロンボーンによるファンファーレに始まり、関西学院大学の正式な施設であるということで、大学当局から宗教主事が来て下さり、まず本町センター街とほんまちラボ発展のためのお祈り、そして本町センター街協同組合の小谷修理事長、続いて総合政策学部の尼子卓司事務局長、そして筆者のあいさつと式典を進めた。

次は、商店街の方々が用意して下さった「もちつき大会」。ゼミ生も代わる代わる慣れぬ手つきで杵で餅をついた。そして、ほんまちラボ向かいの平瀬楽器店の小ホール「自遊空間」では、ゼミ生K君の指揮する「関西学院室内合奏団」による記念コンサートが開かれた。また、この日にゼミ新聞『閑楽停通信』創刊号が出た。

商店街として、ラボのオープンを協賛してイベントをやりたいとの申し入れがあり、独自に取り組んで下さったのが「わが家のお宝展」であった。

さすが老舗の並ぶ本町通りである。待っていましたとまず熱烈な参加を表明されたのが、江戸期以来自邸に保存してあった文書や絵画類を、以前から自分の朝野金物店の店舗の一角に「鍵屋重兵衛資料館」をつくって展示公開してこられた朝野久恵さんであり、もうお一人が、三田の歴史に関する著書を多数出されている著名な郷土史家で、ラボの一軒隣でフードショップ・タカダを営んでおられる高田忠義さんであった。

さらに本町通りは多士済々、まさに「お宝の山」であった。十何代続く三田藩の藩医の末裔で今も現役の医師である若林さんが、江戸期の建築である自邸をはじめて公開され、広壮な建物の中に陣笠、陣羽織などを展示された。老舗の小谷、下山の両呉服店も、宮参りの着物や小紋伊勢型紙を店頭に展示するといった本格的な展示をされた。筆者はパロディ大歓迎がいいと若干のアドバイスをしたが、そのせいかそれぞれの店先に出たわ出たわ、石炭ストーブや「氷冷蔵庫」などの年代物、週間新潮マスコット人形、「男はつらいよ」の全巻ビデオの上映などなど。そのまま「街ぐるみお宝博物館」になりそうなストックの数々が展示されたのである。

この「お宝展」のアイディアは、大阪市の「平野」や埼玉県浦和市一番街の「蔵の街」がやっておられる「まちかど博物館」などからヒントを得て筆者が紹介したのであるが、似たような試みはすでにいくつかの全国の伝統的な商店街でやっておられるので、それほど目新しいものではない。

しかしこの日、本町通りの人たちが思い切って実施したことは、大げさに言うとこの通りの人たちの意識を根本から変える兆候を示す、まさに画期的な事件ではなかったかと思う。

まず、当初七、八店でも参加していただければいい、ということでスタートしたところが、町内で話し合いを進めるうちに、どんどん参加希望がふえて、最終的には組合員以外も含めて二十四店にも達したのである。当時の組合員数は三十六店舗だから七割近い参加率である。

とにかく、役員の人たちが説明に回ったときの人々の反応が、これまでのどんなイベントの企画とも違って、皆がぐっと乗り出してきたという。やはり商店街の人々は、この通りのもつ歴史と伝統を心から誇りに思っており、そのことを表現するようなイベントをやってみたいという要求を、以前から持っておられたのであろう。

そして、今回は急に決まったイベントであり、マスコミにも知らせる時間がなかったので、外部からの客の入りはあまり多くなかったのだが、それにもかかわらず、出品参加した人たちが誰一人として「人出の数」を気にしていなかったという興味深い話がある。

つまり、イベントをやって何万人の人出があったとか、売り上げが何パーセント伸びたとかを気にするのではなく、今回は商店街の人たち自身が、わが町の再発見をやったのである。あそこは何を出したのだろう、さすがにものもちだね、アイディアマンだけあって面白いものを出したなあ、などと互いの「お宝」を見回って大いに楽しみ、わが町もまだまだ捨てたものではない、このパワーは今後に生かせるのではないかと、改めて自信を持ったイベントになったのではないだろうか。

このイベントはよほど後味がよかったのであろう。通りの社交場になっている「割烹はやし」では、お宝展の話があとあとまでしきりに話題となっていた。まさしく「まつりの原点」に立ち戻ったような大成功であった。

商店街を教育の場に

もともとが技術畑の出身であり、フィールド派を自認している筆者は、正直言って教室での講義が苦手であることは前にも述べた。

フィールドと鋭い問題意識さえあれば、「現場百ぺん」で学生たちはとにかくそこを歩き回るだけで、自分のフィーリングに合ったテーマを必ず見つけれるものだ。そこで、なにかやりたいことのヒントをつかんできてくれさえすれば、あとの指導は何とかやれる。このやり方は、前任地の長崎総合科学大学でも、都心の歴史的環境地区内を流れる「中島川」の一帯をフィールドに設定して、かなり経験を積んできたので、自信があった。

赴任してまず、講義でニュータウンの話をしたついでに、数十名の受講生全員をつれて近隣の住宅地の見学をしたことがあったが、これは懲りて一度限りでやめた。

とにかく学生がぞろぞろ歩くとやかましいのだ。しーんと静まり返っているニュータウンのなかを、がやがやと学生があるき、あたりをジロジロ眺める。これは全く異様な光景で、確かにニュータウンには似合わない。一戸建てやマンションの窓からたくさんの顔がでてきて、どの顔も眉をしかめているように感じた。

十数人のゼミ生で歩いたときですら、そのやかましさは普通でなく、彼らの存在はニュータウンの空間から完全に浮いていたので、これも二度とやれないと思った。

ニュータウンの住み心地や都市の将来像などについて、居住者の方々からヒアリングしたいなと思いつつも、気後れして果たしていない。それは、勝手な想像であるかもしれないが、ニュータウン居住者の方々が、相当緊張して住まっておられるような感じをもっているからである。

ニュータウンでは、昨日まで何の面識もなかったもの同士が、突然隣り合わせで住まうことになり、その関係がずっと続くことになる。「強制的近隣関係」とでもいうべきか、掃除やゴミ出しの関係で、どうしてもつき合う必要がでてきたときにも、互いの気心が知れないから、どう話を進めていって良いかがわからない。この緊張関係は、一世代ではおそらく解けないのではないかと思われる。

そのようなニュータウンは、実験的な新しい人間居住の場として、たしかに興味深い研究対象ではあるが、実際に現場に飛び込むには勇気が要るし、まして教育の場にするなどとんでもない、ということになろう。

その点、筆者がとびこんだ本町通りは、理想的な教育環境になると直感した。まず、商店街は賑やかなことを基本的に歓迎してくださるから、学生ががやがやしゃべりながらたくさん通っても許していただける。たくさん通れば、少なくとも自動販売機の売り上げはあがる。それが「ほんまちラボ」のように、商店街のなかに定常的に居座るとなると、多少なりとも地元にお金も落とすことになる。

商売はもともと人間が相手であるから、商店街の人たちは、長い経験の積み重ねのなかで若ものたちの野放図な行動をもある程度までなら温かく包み込むだけの包容力をもっておられる。これがまことに有り難いのだ。

そこで筆者も甘えさせていただいて、まったく勝手な話であるが、教室での苦手な講義で学生たちに迷惑をかけている分をここで取り戻させていただくことを考えた。

一つはゼミ教育である。総合政策学部には三段階のレベルの少人数のゼミ形式の講義がある。一回生の必修の「基礎ゼミⅠ」、二回生の選択の「基礎ゼミⅡ」、そして三回生から四回生にかけての必修の「研究ゼミ」であり、四回生ではその成果として「卒業論文」の提出が義務づけられている。その上には大学院生がいて、「修士論文指導教員」ということで、筆者にも何人かの大学院生がついてきてくれている。二〇〇一年にはその上にドクターコースもできた。

まず、研究ゼミは、定例の会合を毎週ほんまちラボでやる、と決めた。一九九七年度は、まだ開設三年目なので最高学年が三回生であり、毎週金曜日の夕方を定例ゼミとし、ゼミが終わると初夏の頃は道路にテーブルを出して軽くのどを潤すことが恒例となった。学生がわやわやとやっていると、ご近所の方々が雑談に来られる。この楽しい交流がラボの名物となった。

新学部の完成年度である一九九八年度に入って、三、四回生と「研究ゼミ」のメンバーが増え、金曜日を四回生にして、新たに木曜日を三回生の定例ゼミの日に加えた。大学院生は、特別の日を設けないで、適当に参加してもらうことにしている。

悩みは、ラボが約八坪（二十五平方メートル）とあまりにも狭いために、ゼミ生が全部そろうとラボの中ではまともな講義や議論がとてもやれない、という点である。まあ、そこはよくしたもので、常連とお客様に適当にわかれ、常連はゼミの日以外にもラボに居着いてパソコンを動かしたりしている。後述するように、ほんまちラボの向かいにもう一軒「としラボ」を個人的に増設したが、それはこの事情からであった。

これまで、家賃をのぞく必要経費のほとんどを筆者が個人的に負担してきた。幸い関西学院大学の特別研究費を何度かいただけたので、それで大半をまかない、あとは委託研究と個人生活費からひねり出したが、初期段階の設備投資はほぼ終わったので、あとは現在筆者が個人で負担している月額六―七万円程度の固定費（光熱水道費と電話、ネット接続費、商店街会費、としラボ家賃など）であるが、幸い二〇〇一年度からは学部予算にその一部をつけていただいた。

ゼミの学生たちの本格的な研究活動も少しずつ進んできている。ことわざに「馬を水飲み場へ連れていくことは出来ても、馬に水を飲ます事はできない」という。本町通りという、汲めども尽きぬ水飲み場までは連れてきた。あと水を飲むかどうかは君たち次第だ、というのが筆者の口癖で、できればいつも何人かの学生がこのあたりでテーマを見つけて研究に取り組んでくれるといいな、と期待している。

後に紹介するように一九九七年十一月には、伝統的な商店街の再生と大学の研究活動とのドッキングの試みというテーマの研究発表をまとめ、台湾で開かれた「第六回アジア西太平洋地域都市保存シンポジウム」にゼミ生のほとんど全員が参加して、これまでのラボを中心とする活動経過を報告してきた。現地では、台北、高雄、金門など台湾各地の歴史的な町並みの将来を考えるワークショップに参加し、わがゼミ生たちも積極的に意見を出していたが、彼らがつねに地に足をつけて物事を考えて発言していると、参加の各国の学者たちが高い評価をされていた。商店街の皆様のおかげで、かなりよく鍛えられて育っていることに筆者も実は舌を巻いた。

一回、二回生の「基礎ゼミ」の進め方は各担当教授にまかせられている。筆者は、高校までの受け身の受験勉強とは全く違う、大学での自主的な学問研究の方向を自分で見つけるためのきっかけを与えればいいと考えており、それにはある種のショックを与えるのが効果的であろうと、九七年度のゼミの連中はしばしばラボに連れてきて内装工事をさせたり、夏祭りや誓文払いのときのラボの出店を手伝ってもらったりした。

大工仕事などを全くやったことがない人も多く、これには驚いた。やってみると面白いものだから、たまたま筆者と帰路が同じになって工事の手伝いに連れてきたのがきっかけで、とうとうラボに居着いて先輩たちと一緒に「自主ゼミ生」として研究活動を始めた一回生のM君は、先の台湾の国際シンポジウムにも参加して、世界の学者を相手に議論をするなどの大活躍をした。

大人数の講義を、教室ではなくて商店街を舞台にやる試みも実施した。筆者が担当していた一、二回生が対象の「都市環境とイマジネーション」という三百人を超える大講義である。都市政策コースへの導入として、都市のあるべきイメージをそれぞれに描くだけの力量をつける、というのが講義の目的であるが、商店街を舞台としてどう進めるか考えた結果、筆者の得意とする屋外スケッチをやってもらうことにした。

商店街と大学とはかなり離れていて、クルマで約十五分、バスと鉄道を乗り継いでいくと徒歩の時間を加えて四十分ほどかかる。

そこで講義のない土日と、講義の日の午後四時間をまるまるあてて、三日間のうち最低一度は現地に来て、ラボの前に座っている筆者のところでまず出席を確認し、後は自由に商店街のなかを歩き回って最低三枚のスケッチを制作し、出来上がったらその作品を筆者に見せ、提出の確認をする。商店街でみつけたモチーフなら内容は何でもいい、作品の出来不出来も問わない。大きさも着彩もすべて自由。その間筆者はずっとラボの前あたりで、全体を見守ったり自らもスケッチをしたりしている、という方法である。

まちづくりを考えるときの手段としてスケッチの効用はきわめて大きいというのが、筆者の持論である。建築を学ぶ学生にスケッチは必須であり、前任の長崎総合科学大学の建築学科では「美術実技」の講義を担当して、みんなでよく長崎の町を描きに行った。

スケッチをすると細部までよく見るし、確実に覚える。いざ自分でデザインをしようというときにこの蓄積が役に立つ。絵の上手下手は確かにあるし、また自分の描く下手な絵を他人に見られるのが恥ずかしい気持ちもわかるが、「手段」として割り切ればこの効用は捨てがたいし、これを建築学生だけの専売特許にしておくのは惜しい。

大勢の学生たちが、商店街のあちこちに座り込んでスケッチをやったこの講義は、あちこちで商店街の人と学生との対話がはずみ、双方にとってかなり刺激的な試みになったのではなかろうか。

なかには飛びきり上手な連中もおり、彼らの作品の何点かは、将来の「本町通り町並みスケッチ展」のために提出させて保管してある。

学生たちの多くが、瓦葺きの伝統的な商家の様子や、たくさんの商品を並べている小店での客とのやり

食堂「赤のれん」　学生の吉岡裕香里さんの作品

とりの風景などをモチーフにしていたが、おそらく大型店やコンビニなどとは違う商店街そのものの面白さを実感したからであろう。一方、商店街の人たちも、学生たちが「古くさい」お店につよく興味を示すさまに、何かを感じたのではなかろうか。

機関紙「閑楽停通信」の発行

「ほんまちラボ」に集う学生たちへの「教育」として、ラボの機関紙づくりを全員交代で編集長になってもらってやる、という方法を考えた。

じつは前任校の長崎総合科学大学でも、ゼミ生の文章力向上のためにゼミ新聞を二年間毎月発行して、勝手に筆者の友人たちに送りつけた経験があり、その抜群の効果は計算済みであった。この手のミニコミを人々は意外によく読んでくれるものであり、かなりの人から励ましのお手紙や感想と送料の切手などが送られてきて、発行した学生が感動していたし、その後も「彼はどうしていますか」などと聞かれたり、求人が来たりして、人間的なつながりが深まった。

「ほんまちラボ」は市民に開かれた存在であるために、機関紙を発行するとそれが一人歩きすることは十分覚悟する必要がある。だから配布先をある程度限定するとしても、あまり自由に書くと危ないかもしれないとは思ったが、日頃の彼らのレポートの水準から見て、前任校の技術系の連中よりは格段に文章力が高いことを知っていたので、すべてを編集長の責任とする、として第一号の編集長だけを決めた。第二号以降は前号の編集長が指名するという仕組みである。

機関紙の名前は「閑楽亭通信」。むかし愛読させていただいた「どぶろく裁判」などで知られる故・前田俊彦さんの「瓢鰻亭通信」からいただいた名前であることは、知る人ぞ知るであろう。題字を担当したのは書道に造詣が深いN君である。隷書の達筆で新聞に風格がそなわった。

閑楽亭（かんがくてい）は、関学をもじって隣家の下山一郎さんが考案して下さったラボの別名であることは先述した。

第一号はラボのデビューについてのご挨拶とゼミメンバーの紹介、そして学生五人が参加した新潟県村上市での「第二〇回全国町並みゼミ」への参加報告（ちなみに筆者はこの大会で全国町並み保存連盟副会長の一人に命ぜられ、全国の町並み研究者のまとめ役や世話係ということになった）、そして「センター街今月の顔」として「割烹はやし」の林平次さん、和代さんへのインタビューという構成であった。

この中身について筆者には出来上がるまで何の相談もなく、完成したのを「はい先生」と配布されて「お、なかなかいいぞ」という経過であった。とくに商店街の店にインタビューしてくれたことが良く、商店街とゼミを結ぶメディアとしての機関紙の方向付けを明確にしてくれたと評価している。

第一号の編集はワープロ文章の切り張りでやっていたので、紙面の構成も写真の写りも悪かった。そこで編集ソフトを購入し、第二号からは画面上で編集のすべてを行った。号を追うごとにゼミ生たちの編集の腕が上がっていったのはいうまでもない。

第二号では、オープニングセレモニーの記事と隣家の下山呉服店主の下山一郎さんの呉服についてのうんちくが披瀝された。

第三号には、七月にゼミ生がほぼ全員参加して見学に行った滋賀県長浜市の「黒壁のまちづくり」の報告。これは「まちづくり」というより「観光地づくり」だ、という学生ならではの鋭い視点での指摘があり、今後の本格的な研究展開への期待も高まった。

お店紹介はラボの向かいの平瀬楽器店の平瀬洋治さん。代々続いた時計店から思い切って楽器店に方向転換し、市内三店舗、神戸市内に一店舗と音楽教室を展開されている腕利きの経営者である。他所で稼いでおられる典型例ではあるが、氏の本町通り復活への熱い思いを、なかなかうまくルポしていた。

1　閑楽停通信　第6号

閑樂停通信

—KANGAKUTEI TSUSHIN—　第6号（12月号）

三田から世界へ発信

－第一日目－
関空から飛び立ち
いざ台北へ
夜自由行動

－第二日目－
シンポジウム
お祭り見学

－第三日目－
シンポジウム
先生登場！

－第四日目－
ワークショップ

－第五日目－
町並み保存見学
（各地域）
ワークショップ
ディスカッション

－第六日目－
ユースフォーラム
故宮博物館見学
台湾の学生と座談会

－第七日目－
午前自由行動
無事帰国

1～5日目は
「台北－タイペイ」（地図上右上）
「金門－キンメン」（地図上左中）
「高雄－カオシュン」（地図上真ん中下）
の3班に分かれてワークショップを行った。

－パネルの前で記念撮影－

11月20日から26日まで台北で行われた「アジア・西太平洋都市保存連盟国際シンポジウム」に参加。初の国際舞台でゼミ生一同奮闘した記録を報告します。

～第一日目～

さて、私達21名は、関空8：00に誰1人遅れることなく集合。幸先良いスタートだった。やはり、先生の「団体行動を乱す者は、〇〇するかもしれないぞ！」という鶴の一声が効いたのかな。しかし、台湾の空港で荷物を受け取って、「さあ、台湾の土を踏もう。」としたその時、「待って一。誰か私の鞄と、この鞄を間違えていませんか。」という叫び声が聞こえた。ムムム、聞いたことがある声だと振り返ったら、シヅちゃんが大きな鞄を持って右往左往していた。彼女いわく、その鞄と同じデザインのシヅちゃん鞄を誰かが持っていたらしい。幸運にも荷物紛失所にいったら、ちゃんと届けられていた。よかった。よかった。「あと5日間、私の身に何もありませんように。」と祈っておこう。
（山澤）

～第二日目～

台湾に到着して2日目。今日は、今回の旅のメインイベントである「sixth AWPNUC International Symposium」の初日である。

世界の一流の学識者の発表を目のあたりにできるという期待と、果たして私の英語力でついていけるのかという不安を胸に抱きつつ、いざシンポジウムへ！

ゼミ生みな緊張の面持ちでありながらも、これから始まる会への意気込みを感じた。

そうそうたる顔ぶれのなか、会は東京大学の西村教授の基調講演から始まった。教授の分かりやすく丁寧な英語と説明のおかげで一気に緊張もほぐれた。そしてシンポジウムは5時30分に終了。

その後、皆で青山宮の（お寺）お祭りを見物するため台北の街へ繰りだした。絶えずひびきわたる爆竹音、中国風の巨大な神様や龍の人形、あふれる人波、そしてお店はどこも真夜中まで繁雑なにぎわいを見せている。

日本とは違う独特の文化に触れながら、「台湾にいるんだ」ということを強く実感した1日であった。
（木元）

国際発表で大奮闘！
チェンタン青年活動センター

閑楽停通信

その後「閑楽停通信」は毎月一回のペースをほぼ守って順調に発行し、次の年度の三回生の研究ゼミへとバトンタッチした。内容に筆者が文句を付けたのは二度ある。一度はスペースが空いたところへ、どこから引用したのかも明記せずに「健康のツボ」という無意味な記事を入れたケースで、他人の文章を盗むことはわがゼミでは最も悪いことだとたしなめて自分の文章に変更させた。もう一度は、地域のことについて足で歩いた記事がなく、学生たちのおしゃべり的な記事ばかりで紙面を埋めていたときで、これは編集長の責任で地域の将来についての自分の意見をのべさせた。

コピー文化とでもいうべきか、情報化社会では他人のアイディアを断りなしに使うことに罪悪感を覚えなくなる傾向がある。大学の講義課題に対するレポート提出でも、まずインターネットで検索して大量の資料を得るまではいいが、その最も大切な「自分の意見」についてまで他人の考えを断りもなく取り込むことが行われているので、このような手づくりで新聞を発行するというトレーニングには、相当の教育効果があると考えている。

「合コン」の教育力

発行部数五六万部を誇る神戸新聞が三田市内にあった支局を「北摂総局」に格上げし、そこに赴任してきた加藤正文記者が「ほんまちラボ」の動きに注目して下さったのが大きく、新聞紙上などに良く記事がのった。おかげで市内ではかなりの話題になり、要請を受けて商工会の婦人部の役員会に筆者と学生二人が出かけて説明をした。

学生さんたちと話しをしてみたい、という気持ちが役員の方々にあることを知り、わがゼミの学生たちとの「合コン」を提案したところ、話はとんとん拍子に進んだ。場所は商店街の中の建築予定地の空地。バーベキューの器材は商店街でお借りし、学生の会費は千円で基本的な食べ物は用意するが、婦人部から相当な差し入れを頂いて、飲み放題食べ放題。夏休み直前の七月末のある日、まさに前代未聞の「スポンサーつきコンパ」は大成功で、ヤングと主婦たちとの会話がはずんだ。

こんな突拍子もないことを思いつくのは、筆者自身がすでにいわゆる「子育て」を卒業した年齢に達したからでもあろうが、若者たちがいつも周りに居るという先生稼業をとても有り難いと思っているからだ。彼らにとっては年輩者とめんどくさい会話をするのは苦痛かもしれないが、そこに「めし」がつくとなると話は別である。自分の学生時代を振り返ってみても、ともかく一食分が浮く「タダめし」はなかなかに魅力的であった。

黙っていても人がついてくるような人徳や学徳があればこんな手を使う必要もないだろうが、その徳に欠けるものとしては、この手で多少懐を痛めさえすれば一瞬なりとも若ものたちと会話を交わすことができる。食べ終わると「すみませんバイトがあるので」とそそくさと去っていくのはやむを得ぬとして、それでも結構めったに得難い情報が入るし、楽しい。このような幸せを独り占めするのはもったいない、という発想が根底にあっての「合コン」であった。

年輩者の知恵の継承や互いのものの考え方を交流するには、家族という宿命的な関係だけでなく、このような若ものと年輩者との出会いの機会をつくることがかなり有効ではないかと思う。大げさに言うと、地域に大学があることの意味や、大学と地域住民との交流のあり方に、また一つ新しい地平を開いたのではないかと、秘かにこのアイディアを誇りに思っている。

いまや「合コン」は「ほんまちラボ」の名物行事になっており、学生だけで騒ぐのも楽しいが、地域の人たちとご一緒にコンパをやることの楽しさを覚えた彼らは、商店街の人たちや、後述する「旬の市」の野菜生産者の作り手の女性たちとの「合コン」が大好きなようだ。なんといっても、とれとれの生きのいい野菜があり、快活ですてきな女性たちの話が面白く、おまけに子どもやダンナもついてくるので、一家をあげてのつきあいになって、とても賑やかなのだ。

ただ、一年、二年とたつと学生たちは卒業していき、次のメンバーに入れ替わる。それが結構めまぐるしく、名前を覚えられないような状況のまま卒業していくとなると、地域との密着した関係があやふあやなものになってくる。こういう問題は、どうしようもないかもしれない。それでも、卒業した連中が、機会を見つけては商店街の人たちに会いに来ている風景もあり、それは端から見ていると、この本町通りが彼らの第二のふるさとになったような感じがあり、ちょっぴりうらやましいぐらいだ。

地域の「まつり」に参加

「ほんまちラボ」開設の初年度である一九九七年の八月はじめ、「閑楽停通信」第三号を発行したところで、大学は夏休みに入ったが、本町通りは、夏場の最大のイベントである八月九日、十日の「三田まつり」にむけて動いていた。このまつりは、もともと本町センター街が戦後発案して始めた「サンサンまつり」が全市的に広がったものということで、商店街の役員たちが早くから準備に入っており、本家の面子にかけた意気込みが感じられた。

筆者は「ほんまちラボ」の店名で、商店街の正式会員としての月額四千円の会費を納めていたので、「三田まつり」への正式参加を申し込み、ゼミ生たちにも出来るだけまつりまでは居残って参加するように勧めた。

何人かの学生は、すでに前年、前々年の「三田まつり」を体験していて、商店街中に人が溢れるという盛大なものであることを知っていたが、筆者は初体験であり、正直なところどれほどの規模になるか実感を持ってはいなかった。商店街からは「うちわ」のデザインを頼まれ、さっそく絵の得意な学生のOさんに頼み、「はい」との答えはよかったが、学生らしく？いつまでたっても作品ができてこない。放っておいたところが商店街の役員から「明日朝十時までに」と突然自宅に電話が入り、やむなく筆者が描いて持ち込むというハプニングもあった。

まつりの一週間前には、突然これまで見たことのないような一群の屈強な男たちが現れ、商店街を歩いて路上に屋台の場所を示す番号をチョークで記していった。本町通りはかなり以前から、夏の「三田まつり」と年末の「せいもん（誓文）市」にはプロの露天商の人たちの出店を受け入れており、その関係の人たちであった。もっとも昔を知る人に言わせると、最近では出店も少なくなったし、面白い店がなくなった、とのことであった。

ラボの前は、昨年まではずっと無人であったからプロの出店の場所になっていたが、今年からはわれわれが二千円の場所代を払って出店することにした。まつりの前々日には、夜遅くまでかかって商店街の役員の人たちが電気の飾りをつける作業があり、何人かのゼミ生が手伝った。

ラボとして何を売り出すか。学生らしく、元値をかけずにしかもインパクトのあるものがいい。これについては、長崎時代に筆者が発明した「ほたる提灯」をつくることにした。長崎市の中心部を流れる、「眼鏡橋」で名高い中島川の環境保全をテーマにした「中島川まつり」を、筆者らが発案して始めたのが一九七四年の五月である。その後、長崎総合科学大学や近隣の大学や短期大学の学生たち、そして市民の方々とともに十数年間その運営にあたった経験が、ここで生きた。思えば筆者はずっとこんなことにかかわってきた、根っからのおまつり好き人間なのだ。

材料の孟宗竹は、ラボ開設の当初から応援して下さっていた山持ちのSさんにお願いした。直径十二、三センチの太い孟宗竹を幅六センチに輪切りして「提灯」に仕上げる。両側に紙を貼り、水彩絵の具で適当に絵を描いて、なかにろうそくを立て、上部には穴を開け、針金で竹製の取っ手にぶら下げる。これはなかなかの風情で浴衣掛けによく似合う。

売値は一個三〇〇円。これは長崎でやった「中島川夏まつり」で大成功し、日暮れとともにあっという間に売り切れた経験をもっていたから、筆者は自信満々だったが、大量生産に励む学生たちには、こんなものがはたして売れるのかしら、と半信半疑であったろう。

まつりを前にして、ラボには夕方になると学生たちが毎日何人か集まり、提灯づくりの作業が続いた。嬉しかったのは、噂を聞きつけて、大学の事務局の職員で三田市在住の人たちが、ラボの活動を何か手伝いたいといってこの「ほたる提灯」づくりに参加されたことであった。

ほたる提灯

商店街に飛び込んだ大学の研究室の活動を、大学の事務職員であると同時に、地域在住の市民である彼らが応援にかけつけてくださったことのもつ意味は大きい。地域にあって大学と地域住民との関係を全身で受け止めている彼らの、ラボに寄せる評価の高さを示すものであると同時に、彼らが率先参加したことでまわりの市民とのきずながさらに強まったことと思う。

さて、百個あまりの「ほたる提灯」を用意して参加した「三田まつり」の盛況は、まさに聞きしにまさる規模のものであった。

まつりに参加したのは市内の既成市街地の十一商店街で、JR三田駅前から川を渡った本町通りに至るロの字型のルートに、ぎっしりと出店が出た。初日の九日の土曜日は、台風の余波である強風の中、出店のテントが風に煽られていたが、人出はなかなかのもので、朝十時の開店時間前から始まったある商店街のもちつきには早くも行列ができていた。

昼頃からは、人々が通りの全体に溢れ始め、たくさんの露天はどれも大賑わい。商工会の婦人部が特別出店していた「そば屋」に雇われたわがゼミ生もてんてこ舞いの大忙し。いつもは閑散としている本町通りにも、驚くほどの人波がやってきた。夏とて、浴衣掛けの人も多い。

いったいどこからやってきた人たちですか、と商店街の役員さんに問うと、普段見かけぬ顔ばかりなので、おそらく大半がニュータウンの住民ではなかろうかとのことである。

駐車場は市役所前が開放されていたが、この日は歩行者天国の箇所が多くてクルマでくるとひどい目に遭うことを客自身が知っていて、ニュータウンからの客も、電車かバスの公共交通を利用しているふうであった。

日が暮れてくると、いよいよわが「ほたる提灯」の出番である。ラボの前に机を出して、後ろで製作をしながら売り始めると、ぼつぼつ出始めた。顔見知りの商店街の人たちが、義理半分に買っていって下さる。売れると嬉しいもので、売り子の学生たちの声もはずむ。

いつも応援してくださっている大学職員のOさんも駆けつけてくれて、「ここが噂のほんまちラボ。学生手づくりのほたる提灯。世界でここだけにしか売っていないよ」と名調子で助けて下さる。

夕方になると、浴衣掛けの人の姿が格段に増え、これでほたる提灯を手にもって歩くとなかなかよく似合う。筆者も隣家の下山呉服店でこの日のために誂えた新調の浴衣に着替え、学生たちとともに懸命に提灯を売る。

結局、この日用意した約百個の提灯は、夜八時に始まった武庫川での花火の時間までに売り尽くし、一同大満悦であった。

それにしても、本町通りが普段とは全く違った表情を見せたこと、人々がどこからか沸いてくるようにこの通りにやってきたことに深い感銘をうけた。きっかけさえあれば、人はこの町にやってくる。そのきっかけをどうつくるかがこの町の課題なのだ。

本町通りを舞台とするまつりは、この後十月一日（水）の三田天満神社の恒例の秋祭りがあり、これには出店こそ無かったが、各店の前には家紋入りの提灯が下げられ、氏子である十二の地区から御輿やだんじりが出され、それぞれ地区ごとに違うデザインの揃いのゆかたで勇壮に本町通りをぞろぞろと練って行った。担ぎ手には結構若い人もたくさんおり、子ども御輿もでて本町通りはふたたび驚くほどの活気に包まれた。だんじりなどが次々と賑やかに練っていく姿は、やはりニュータウンではなく、伝統的な町並み景観にこそ良く似合うと思った。

暮れも押しつまった十二月の十二、十三日は「せいもんばらい（誓文払い）」で、このときの人出も驚くほどのものであった。

誓文払いは近世以来の伝統行事で、近畿地方の商店街では恒例行事の「年末大安売り」であるが、昔の本町通りのせいもんはこの程度のものではなく、ぎっしりとつまった人波で歩くことも出来なかった、と多くの商店主から伺った。年々規模が小さくなってきているとのことであったが、それでも普段の本町通りからは想像もつかぬ程の人出で、再びこの通りの実力に舌を巻いた。

この誓文払いにもラボとして参加費を払って申請し、何か出そうと学生たちに相談したが、なかなか名案が出てこない。こうなるとやはり筆者の出番で、一つはかねて注目していた同僚の奥さんでカナダご出身の方が障害者の授産所で指導し製作しておられる「特製クッキー」の販売と、イベントとして間伐材の「丸太切り」をやることにし、材料の手配をした。

特製クッキーは袋詰めして、クリスマスツリーの飾りのサンタの人形を「おまけ」に入れた。この飾りなどは大阪のおもちゃの卸問屋が並ぶ松屋町筋へ買い出しにいって格安品を仕入れてきたが、初日はあまり売れず、値下げをしたりしたので結局元も取れず、商売というものの難しさを改めて思い知った。

成功したのは「丸太切り」で、材料は例によって山持ちのSさんにお願いして間伐材を提供していただいた。アイディアは、以前にまちづくりのコンサルタントをやった長崎県下のある町でやっていたイベントからヒントを得たものである。

角材でしっかりとした土台をつくり、丸太がごろごろしないようにV字型に切ったコンパネを打ち付けた。そこに丸太をかまして、六センチくらいの幅で鋸で切り落とす。切り落とした部分に太いドリルで穴を五、六カ所あけ、裏側に切った人の名前を書いて「鉛筆立て」のできあがり、という趣向である。

子どもたちに参加してもらおうと、一回五十円にしたのはよかったが、引いて切るタイプの日本鋸を、子どもたちは力任せに押すものだから、用意した着脱式の鋸が三本も折れてしまって大損害。切り落としタイムの記録を、誰々君何分何秒、世界新記録と張り出して盛り上げた。

出店ばかりで遊びの要素がほとんどないなかで、唯一の「遊び場」を提供したことに、商店街の人から賞賛の声をいただいたのは大きい収穫であった。また、子ども好きの学生たちの活躍の場ができたことで、ラボの新しい存在意義が生まれたようにも思った。

「ほんまちラボ友の会」の設立と「楽しい公開セミナー」

機関紙「閑楽停通信」の第一号ができたとき、担当した学生たちはよほど嬉しかったらしく無差別に配り始めたので、とりあえずストップさせた。学生仲間にあげるのは良いとしても、もともとタダで印刷が出来るわけでもないし、基本的には独立採算で発行すべきだと説明し、欲しい人を「友の会」に組織して会費をいただく方針をだした。ある程度読者を限定しておかないと、記事の内容が一人歩きしたときがこわい。

また、ラボの活動に興味を持って支援してやろうという人たちも居られるので、その人たちの名簿づくりの必要性にも迫られていた。

こうして設立した「ほんまちラボ友の会」は毎年四月はじめを年度更新として、会費年額千円。通信は毎号郵送するので、これでは赤字だが、まつりの出店の収益やカンパなどをプールした「特別会計」でまかなうことにして、学生の担当者をきめて管理させることにした。さっそく商工会婦人部から大勢入会していただき、これで基礎ができた。

商店街の人たちや「友の会」のメンバーと学生たちとの交流の機会が必要と考えて、大学の公開セミナーとはひと味違う、「ほんまちラボ楽しい公開セミナー」を考えついた。

大学の秋学期は十月一日から始まり、少し落ち着いたところで、第一回の公開セミナーは十月二十四日。定例ゼミのあとの時間をあて、場所としては商店街が所有する「プチホール」をお借りした。参加費は千円で資料と飲み物、若干の食べ物つきで、会員の方々に声をかけた。

ちなみにこの「プチホール」は、一九八八年に本町通り商店街が衰退の一途をたどるなかで、有志が語らって「まちおこし会社・本町商店街振興会」を設立して空き店舗を買い取り、上ものを商店街に譲渡したもので、地域のコミュニティセンター的な役割を果たしている建物である。設立に当たっては、市側も協力して隣接して公衆トイレを建設してくれたが、この管理費はまるまる商店街の負担となっているために、今では相当のお荷物になっているとのことである。

　このプチホールを使って、毎月定例の落語会をやったり、コンサートをやったりと、当時わが国でももっとも先進的な努力を重ねて、本町通り商店街のまちおこしに懸命に働いた人たちも、一九九〇年代に入って客も減り、自分たちも疲れてきて、力尽きた。それでも詰めれば四〇人ぐらいは入れるこのプチホールの利用度は高く、お花や着付けの教室、学習塾、囲碁教室などに活発に使われていて、管理人の費用は使用料でまかなえているという。

「第一回楽しい公開セミナー」のテーマは、この夏海外各地へ出かけたゼミ生たちの武勇伝の報告「驚き・とどろき・滞在記」である。

　驚いたことに、この夏休みの間に十六人のゼミ生のうち十二人が、日本を飛び出して世界各地で様々な体験をしてきていた。行かなかった連中もアルバイトや実習で、それぞれ貴重な経験をしていたので、とりあえず「この夏の報告」を全員レポートにして出させ（このあたりが先生という立場のすごいところ）、そのうち何人かに発表してもらうことにして、後は学生に人選と運営をまかせた。

　当日は、十五名近くの「友の会」の会員が見え、ゼミ生とともに会場一杯になって発表を聞いた。レジメが用意され、発表はＯＨＰで写真を投影して進められたが、爆笑につぐ爆笑。中国旅行のドアなしトイレの経験、ヴェトナムで妙なおじさんに言い寄られた話、ヨーロッパ各地で毎日毎日音楽会のはしごをしてきた室内合奏団指揮者のＫ君の話などなど。若ものたちによる直接の海外情報は新鮮そのものであり、第一回の公開セミナーはすこぶる好評であった。

第二回のセミナーは、関西学院大学総合政策学部で英語の常勤講師でアメリカ・デトロイト出身の「ランス・サベージ先生の手づくりクッキーと素敵なトークの夕べ」。三十代半ばの独身でハンサムな先生に、その生い立ちや三田の感想などを語っていただいた。

大学を出て、当初は政治家を志して上院議員の秘書として働くうちに二十九歳で進路変更を決意し、大学院で英語教師の修士号を取得。一九九六年度に関学にやってきたという。

就職してからもいろいろ進路変更ができる、という話は就職をそろそろ身近に考え始めている学生たちに大きい示唆を与えたことであろう。少年の頃からボーイスカウトやイーグルスカウトで活動して自然と自分との関わりを大切にしてきた、といった話もあった。趣味は料理で、自作のオリジナルクッキーを持参していただき、皆で賞味させていただいた。

ランス先生が英語で語り、学生がつぎつぎ入れ変わって通訳する、という趣向であったが、さすが英語の先生はわがゼミ生たちの実力をよく知って居られ、自分のしゃべる内容を、きちんとタイプに打って、あらかじめ全員に配布して下さった。「友の会」の何人かの方は、学生の日本語ではなくてランス先生の英語にうなずき、学生のとんでもない誤訳に吹き出しておられたから、ラボのサポーター連、なかなかただ者ではない。

楽しい公開セミナーは、ゼミの活動にめりはりがつき、かつまたたいへん楽しい集まりになってきたので、ほぼ毎月一回のペースでその後も続けた。

年末には、十一月にゼミ生のほぼ全員が発表参加に加わった、台湾での「第六回都市保存シンポジウム」の報告と、忘年会を兼ねたパーティ、一九九八年の正月には、子ども時代から修練を積んできた藤間流の名取りであるIさんの「初舞」と書の達者なN君と中国からの留学生であるLさんによる「日中書き初め大会」、そして友の会会員と学生が入り交じってみんなで楽しんだ「百人一首」。

振り返ってみて、毎回いつも新しい出会いがあり、充実した内容であって、大学と地域との関係のあり方に、またもう一つの新しい地平を開いた試みであったと思う。

都市保存国際シンポジウムへの発表参加

一九九七年の五月に新潟県村上市で開かれた「第二十回全国町並みゼミ」に、伝統的な町並み保存の問題につよい関心をもっている五人のゼミ生が参加した。

このとき台湾で町並み保存運動の中心的な活動を長くやっておられる楽山文教基金会の丘副理事長と、やはり都市保存問題に造詣の深い東京大学の西村幸夫教授と話しをするうちに、あなたたちの話をこの秋に台湾で開かれる「第六回アジア及び西太平洋都市保全連盟国際シンポジウム」で発表しませんか、とお誘いを受けた。

ゼミに戻って提案をし、行きたいものを募ったところほとんど全員が手を挙げたので、よし思い切って発表に行こう、と腹を決めた。大勢の学生を海外に連れていくことの大変さは、すでに前任地の長崎総合科学大学時代に経験済みで、ハルビン船舶工程学院とのわが国で最初の中国の大学との姉妹校提携をやった際に、学生十七名をつれて現地訪問したときの次々起こるトラブルの解決に疲れ果てた苦い思い出が脳裏に浮かんだが、たまたま筆者が前年に台湾を訪れた際、楽山文教基金会の林理事長にずいぶんお世話になったこともあって、参加者をふやすことでご協力すべきかとも考え、踏み切ったのである。

発表は、筆者の論文口頭発表と学生全員によるポスターセッションでの発表の二本立てとし、テーマは「伝統的な商店街の保全と活性化のプロジェクト・商店主と大学の研究教育活動との協力関係を通じて」と大きく出た。

シンポジウムのメインテーマは「民間保全組織の回顧及び展望」で、そのサブテーマが「都市保全における経済発展・歴史保存及び生活品質」であったから、ここにぴたりとはまって、発表予稿は採用されることになった。

原稿も口頭発表もすべて英語であり、先方とのやりとりを含めて、このあと筆者と学生たちとが大奮闘したのはいうまでもない。ゼミ生ほぼ全員に自主ゼミ生を加えて総勢二十名が行くことになったので、正規の海外授業の制度にも乗せた。費用は全額自弁であるが、先方の計らいで宿泊施設が格安であったので、ずいぶん助かった。

まだ何の成果も出ていない、いわば実験段階の中間報告的な話を持っていくので、発表内容としては、いくつかの夢のような展望も交えて若干オーバーな表現も入れることで、人々の注目を浴びることを期待した。

発表への反応は、日本からの参加者や日本をよく知る筑波大のチェスター・リーブス客員教授（アメリカ）などからほめていただいたが、現地の台湾の方々には、わが国におけるような商店街の疲弊した状況があまり理解できず、また現地ではエリートの学生が、なぜそこまでやらねばならないのかという点についても、あまり理解できない様子であった。

シンポジウムを台湾で開いた大きい理由の一つは、猛烈な勢いで進む近代化の嵐の中で、台湾をはじめとするアジア各国で、伝統的な町並みが急速に姿を消しつつあることに対して警鐘を鳴らすことにあった。そこで、台湾における都市保全をどう進めるかをテーマとするワークショップが用意されており、筆者らが参加した金門島のほか、台北と高雄の現地に全員が赴いて議論をするというプログラムになっていた。

それぞれのグループで、アジアの都市保全に関心を抱く世界の一流学者やコンサルタントの方々に混じって、わがゼミ生たちは大活躍した。台北に全員が戻ってのワークショップのまとめの集会で、それぞれのチームの代表が現地についての所感と提言を発表したが、そのどれにもわがゼミ生が代表の一員になって堂々と英語で発言していたのには感動した。これも、ラボを拠点とした徹底的な現地主義で、地に着いた考え方を身につけ、商店街の方々に鍛えていただいたこの半年あまりの貴重な経験の所産であったと思う。

ＮＨＫテレビの波紋

ラボの活動に大きい転機を与えたのは、開設の翌年、一九九八年十一月一日に放映されたNHKの「新日本探訪・商人の街に学生たちがやってきた」であった。

十月始めからの一ヵ月間は、この取材に振り回されたことはたしかだが、プロデューサーの藤田茂暢さんに叱咤激励されたおかげで、ゼミがようやく大学のゼミらしい雰囲気になった。画面に登場させようとゼミ生全員で取り組んだ商店街の模型づくりには、神戸在住の建築家の竹中伸五さんが全面的に協力してくださった。藤田プロデューサーは約一ヵ月間、毎日毎日商店街のなかを歩き回って情報を集めるとともに、学生たちが商店街の人のほんの一部としか付き合っていないこと、まだまだかなりの人が学生たちと接触したがっておられることなどのアドバイスをくださった。さっそく「養子縁組」のようなマンツーマン方式での、商店と学生との関係をつくり、学生が訪ねていっていろいろお話を伺うなかで、商店街のホームページ作りも企画した。

テレビで主役を演じてくれたのは、商店街で食品店を営む柏木保子さんと、商店街に隣接する食堂「赤のれん」の別府省造さん、そして学生のO君、Iさん、T君。みんな藤田プロデューサーの難しい注文によく耐えてくれた、と思う。いろいろ取材され、カメラに写されながら、結果的に画面に登場しなかった人もたくさん居たし、余りの注文の多さについに商店街のある若いメンバーなどは「切れ」てしまったというエピソードもあった。ともあれ、番組づくりというものは大変だということがわかった。

さすがＮＨＫの看板番組の一つであるこのテレビ放映の反響は大きかった。ちょうど懐かしのフォークソングの番組の前だったので、中高年の連中が良く見ていた。就職試験で、面接の担当重役があの番組を良く覚えておられて、テレビで主役をつとめたわがゼミの女子学生が見事に難関を突破した、という話もある。関学の今田寛学長から「片寄さん有難う、東京の同窓会に行ったら先輩達が大喜びしていたよ」と感謝のお言葉もいただいた。「見た見た、学生が主役で、お前さんが出しゃばっていないのがよかった」と、かつてＮＨＫで「新日本紀行」のプロデューサーだった高校時代の友人から連絡があった。

反響は、各地の商店街や自治体におよび、商店街の空店舗対策事業として、先述したような大学と組んでゼミ室づくりを進める話が全国にはやりだした。テレビのお蔭で、ラボの活動は一気に全国からの注目の的になった。ある大学では学長が二十本もテープをダビングして教授たちに渡し、うちでもこのような活動をやりましょうと呼びかけたという。わたしにも「商店街おこし」をテーマとする講演などに声がかかるようになり、まあ、有名になるのはいいが、他人にしゃべるような立派な話は一つもないので、はてさて面倒なことになったなというのが実感でもあった。

としラボ

たまたまテレビが一段落した一九九八年末の頃、ほんまちラボの向かいの「臼井測量設計事務所」移転のニュースが入った。本町にほど近いところに三階建てのビルを新築していて近く転出されるという。これはチャンスだと思って、あとをお借りできないか、と家主の中西さんにお尋ねすると、ああええよ。といって前の人より高い家賃を払う力は無いし敷金も礼金も払えないですが、まあええよ。というわけで、あれよあれよという間に、もう一軒ラボが誕生することになった。

もともと建築学を専攻しながら「この世の仮の住まいでいい」などとうそぶいて住宅確保に力をいれてこず、いまも宝塚市内で狭いくせにやたら家賃の高い借家アパート住まいで、定年後の生活設計が全く出来ていない身であるから、浪費は慎むべきかもしれないが、何千万もする住宅を買う蓄えは無いし、この歳になるとローンも組めないし、近年親しい友人や先輩が連続してコロリとあの世に行ってしまって世の無常をひしひしと感じるようになったので、まあ先のことはあまり考えないことにして、ともかく筆者の個人負担でお借りすることにした。

当初は、大学院にK君とH君が進学するので、ここに共同の拠点をつくり、家賃を三等分しようという話もあったが、彼ら二人が辞退したのですべて個人負担になった。三田市の「空店舗対策事業」に組み入れれば、家賃の半額補助が二年間ある、との商店街からのアドバイスもあったが、先述したように長崎で同様の事業のコンサルタントをやった経験から断った。公正に抽選したりすることになって話がよそに逃げて行く可能性があるし、二年経ったあと家賃が跳ね上がればどうにもならない。

一九九九年の春になって臼井孝文さんが転出されたあと、二階に上がってみて驚いた。以前はそこに製図台やコンピューターなどが置いてあってわからなかったが、壁に穴があいていて、そこからのぞくと、二階のフロアーは四―五〇人は楽に入れるぐらい広く、頭の上には太い梁が何重にも重なって縦横に走っている。これはすごい。この建物もまた、本格的な伝統的町家建築だったのだ。よし、ここを町家改造のモデルにしてみよう。ふたたびファイトが湧いてきた。

ビジュアル系大学院生登場

そこに、まさにうってつけともいうべき人物が登場してきたのである。多摩美術大学建築学科を卒業したTくんは、東京で開かれた第二十一回の「全国町並みゼミ」でお会いしたのが最初であるが、わが方に大学院が新設されることを知り、町並み保全に関連した研究をやりたいと進学してこられた。いちおう建築の基礎を学んできているから、これは「としラボ」改造の主任にぴったりだ、と勝手に決めた。アパートがわりにこの二階に自分の一角を確立して住んだら、と勧めたが、これは逃げられた。

本町センター街は住むのにほんとうに便利だ。風呂屋さんは近所に三軒もあるし、コンパネを数枚立てるだけで快適な部屋ができる。家賃も格安で、だいいち建築を学んだものにとって、こんな立派な町家で暮せるなんて夢のような話だから確実に乗ってくると思ったのだが、近ごろの連中は軟弱だと少々がっかりした。しかし、後にゼミ生総動員でこの二階の大掃除をしてみて、彼が逃げたのは正解であったことがわかった。

二階にうずたかく積まれていた腐ったワラくずをみんなで放り出したわけだが、鼻の穴までまっ黒になって、手足も痒く、「伝統的な町家の改造」という仕事が、口で言うほど簡単ではないことを身に沁みて理解したのである。ワラくずのなかからはネコのミイラが二体もでてきて仰天した。

ビジュアル系の大学院生のT君の登場は、ラボの活動にいくつかの新しい境地を開くことになった。彼はまず、後述する「ほんまち旬の市」の見事な立て看板のデザインでデビューしたが、ついでスポンサーを自力で集めて、手描きの「天神さまの参道マップ」を一万枚つくって市内に配布、さらに「旬の市ニュース」の発行、九九年末には「ほんまち未来塾」を主催するなど、めざましい活躍で一躍地域の人気者になった。彼の活躍に刺激されて、ゼミ生がそれぞれに目の色を変えて活躍し始めた効果も大きかった。

第五章
農・商・学の連携
「ほんまち旬の市」はじまる

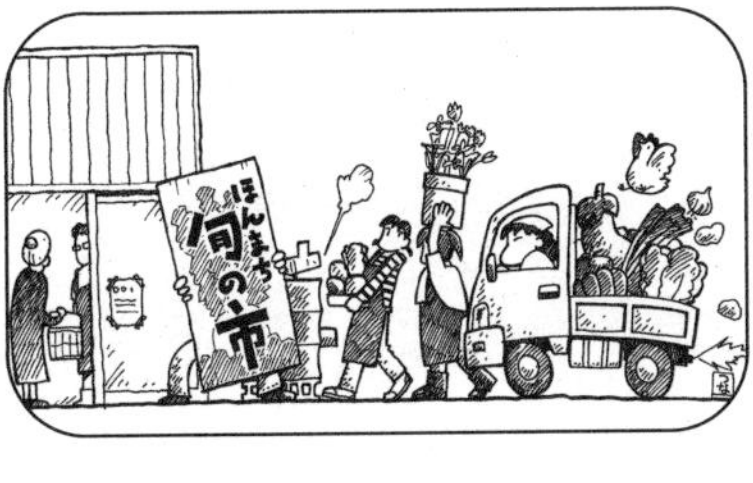

旬の市スタート

一九九九年の五月二〇日に、近在の農家の四十歳代を中心とする作り手の女性たち二〇人が新たにグループをつくって、本町通りの空地で毎週二回のペースで「ほんまち旬の市」がスタートした。代表者は三田市北部で有機無農薬で名産のお茶を生産販売している桧田（ひわだ）弘子さん。仲間の女性たちもみんな無農薬から低農薬でがんばっている、意識の高い人たちである。

開店初日のために、急遽わたしがビラをつくって学生たちと近隣の住宅に撒いた。そして、心配した初日、なんと開店予定の午後四時より二時間も前から、失礼な表現だが、どこから湧いてきたのだろうと思うほど多数のお客さんが、露天の市をめざして集まってこられたのだ。

ほんまち旬の市風景

ほとんどが高齢の女性で、徒歩と乳母車と自転車であるから、近隣にお住まいの方々であろう。並ぶお客さんの数は五〇人ちかくになり、押すな押すなの大騒ぎ。ここで怪我人でも出れば大変だと、わたしは学生たちとお客の整理におおわらわであった。作り手たちの自慢の野菜だけあって、飛ぶように売れていき、わたしもおこぼれを買って持ちかえり調理したが、これは見事な味であった。

センター街の理事たちが「旬の市」の作り手の女性たちに断ったセリフは「以前の本町センター街のイメージでこられると困ります。期待されるほどの売り上げは難しいと思いますが、売れなくてもあきらめないで下さいね」であった。

これに対して、「品物には自信がある、責任はもちろん自分たちにある。」と作り手の女性たちが最初から言っておられたが、たしかにすばらしい作物の数々であり、これでがっちりとお客がついた、と思った。じっさい、その後の推移は立派なもので、当初は毎週二回、冬場は週に1回、ついに休み無く完全に営業をやり抜いてくださり、二年半を経過した二〇〇一年末現在もいよいよ元気に継続してくださっている。

この「旬の市」の運営を、わがゼミの学生たちがボランティアで応援してきた。決してわたしが強制したわけではない。彼ら自身がこの作り手の女性たちの驚くほどのパワーと明るさといきいきとした美しさの魅力にひかれて、進んで毎週やってきてレジや運搬を手伝っている。商店街の人たちにも、完全に定着したこの「旬の市」の評判はまことに良く、常連がいつも真っ先に買いに来てくださっている。

総合政策学部では、学生たちの研究成果を発表する「リサーチフェア」を毎秋にやるが、そこに四回生のWくんをプロデューサーに「旬の市」の生産現場からお客さまの台所までをテーマとするビデオ作品を、三回生たちも加わって全員で制作した。十五分にまとめられた作品は、なかなかの出来で、大学院生のTくんと四回生のHくんがデザインしたケースジャケットもたいへん評判がよく、販売している。

さきに筆者は「なんの野心も無くこの商店街に入れていただいた」と述べたが、じつはかって全国町並み保存連盟の副会長をつとめたほど、長年全国の伝統的な町並みを見てきた筆者の眼からみると、本町通りの再生は決して難しいものではないと確信しており、ひそかに一部の学生には「三年でこの商店街は蘇えるぞ」と豪語していたのである。そして、その言葉は「旬の市」の成功でほぼ実現のきっかけをつかんだと思う。人々が傍目にどう思っているかは知らないが、少なくともわたし自身は、「旬の市」の成功で、本町商店街のこれまでの流れには歯止めがかかり、再生に向けての確実な第一歩を踏み出した、と見ている。我田引水ではあるが、ついに三年目にして時代を画する動きが起こったのだ。そしてそれには「ほんまちラボ」の出現効果がかなりの刺激になったとわたしはひそかに胸を張っている。

空店舗のシャッターが開く

この「旬の市」の出現が、商店街に与えたインパクトは相当なもので、ついには長年閉じたままであったかっての野菜店のシャッターを開けてしまったのである。このいきさつについて、筆者は次のような文章を神戸新聞に寄せた。

全国で中心市街地の空洞化がすすみ、商店街は「シャッター通り」と化している。ところがなんと三田市本町通り商店街では、ここ十年来シャッターが閉じたままだったお店を使って、週に一度の開店日にお客が溢れる賑わいが戻ってきた。

店を開けたのは、本町通りの中ほどにあった空地で、昨年五月中旬から毎週二回(冬場の現在は毎週一回、木曜日午後三時から五時まで）青空市をやってきた「ほんまち旬の市」のメンバーである。

ここでは市場に拒否される「規格外」の作物も並ぶ。野菜に大小があるのは当然なのに、作り手にとって何が悔しいといって、規格外は、捨てるか、誰かにあげるしかないこと。だが、ここではお客との対話がはずむなかで、その「自然のまま」が逆に喜んで受け入れられるのが励みになるという。作り手の顔を見て買うのだから安心だし、だいいち新鮮で本当においしい。ありがたいことです、と買う側も大喜び。レジを担当する学生たちは、はつらつとした作り手の女性たちや買い手の主婦に鍛えられ、ときに新鮮な野菜の余禄にありついて、農と商のあり方を原点から学んでいる。

もともとのきっかけは、筆者がこの本町通りに、小さな「まちかど研究室・ほんまちラボ」を設置し、いわば町の「定点観測」による研究活動をはじめたことによる。一九九六年末の準備段階から三年あまりになり、実際の動きに参画する場面も生まれてきた。

通りに一軒の八百屋さんが閉店し、さて困った。農家による朝市のようなものができないかと模索していると聞いた。たまたま友人の農業者に相談したところ事態は急展開。専業農家の女性グループ「グローバルレディ・さんだ」の有志と、「三田都市・農村女性会議」の参加メンバーの女性約二十人が、新たなグループをつくってくれた。

商店街があっせんした空地を会場に、初日は開店前から押すな押すなの大賑わい。失礼な表現だが、どこから湧いてきた?と思うほどたくさんのお客さんが、突如として商店街に溢れた。ほとんどが徒歩と自転車で高齢の方も多いから、近隣にこれほどの購買力があったのだ。商店街も張りきってテントを提供し、ゼミの学生たちが下働きするなど「商・農・学の連携」による青空市は上々の滑りだしであった。

秋になって空地が売却され、場所の確保が難しくなったとき、グループのなかから「あの店は使えないかしら」との声がでた。そりゃ無理だ、と閉じたいきさつを知る商店街の理事連も、新参者の筆者も言った。とても素人が手を出せる物件ではないと思っていたからだ。ところが、これがするすると実現してしまった。詳しいことはわからないが、たまたま所有者の都合が良く、商店街とは全く違う人脈が動いたことによるようだ。

この経過のなかから論者は、中心市街地とは「周辺」があってはじめて「中心」なのだという当たり前のことに気がついた。イベントをいくら打っても、空店舗対策に多額の投資をしても、市街地再生にはなかなかつながらない。それは、市街地の範囲内だけで対策を考えてきたからではないか。ここで「農が町を救う」という言葉を思いついたが、そこに「学」を加えることができれば、さらに素晴らしいと予感しているところだ。（神戸新聞「論」2000.2.7掲載）

ヤンマー学生論文優秀賞獲得の快挙

ある日、高額の賞金で知られる大手農機具メーカー「ヤンマー」の学生論文の担当の方から筆者に電話がきた。お宅のゼミの学生さんにわが方の懸賞論文「いま日本の農業が面白い」への応募を促して欲しい、というのである。伺ってみると、最近の学生論文の傾向として、実体験の裏付けもない観念的なものが多くて困っており、お宅のように農家の女性たちと学生とが組んでやっている実践的な活動の報告が是非欲しいというのである。

早速、ゼミの連中に声をかけ、叱咤激励して出した論文が、なんと優秀賞五十万円を獲得してしまったのにはぶったまげた。

論文のタイトルは「ほんまち『旬の市』からの報告――農・商・学の新しい連携へのささやかな試み」。執筆者は、小川知弘、大浦真人、高井直行（以上四回生）、綱本武雄（修士一回生）の四人。論文要旨は次のようなものであった。

兵庫県三田市『本町通りセンター街』で毎週月曜日・木曜日の夕方に営業している『ほんまち旬の市』は、一九九九年五月にスタートした。この『旬の市』は、これまでの農家が直接農作物を販売する形に、関西学院大学総合政策学部片寄ゼミの学生が関わるという、農・商・学連携の新しいタイプの実験的青空市とでも呼ぶことのできる存在である。『旬の市』は「顔のある、個性のある野菜」と「作り手が見える」ということが、最大の魅力である。そして何より、旬のものを旬のときに届けることを大切にし、ここに並ぶ野菜からは、季節を感じることが出来る。これらのことによって、より安心に新鮮な野菜を提供することを目的としている。

『センター街』がある三田市の既存中心市街地は、大規模なニュータウン開発によって人口が急増したにも関わらず、衰退の一途を辿らざるをえなかった。この背景には、大型店の出店ラッシュやモータリゼーションによる商業構造の変化がある。そして、その影響は、農作物の販売構造の転換をも、もたらしていった。

その落ち込みの歯止めをかけるため、さまざまな活性化案が提案・実行されている。その新しい試みの一つとしての、『旬の市』の果たす役割は大きい。これまでの経過のなかから、ある種のミニ・コミュニティが成立の兆しが生まれ、今後の農村と都市との新しい関係の構築が期待される。

作り手の女性たちは、野菜の販売を通じて、買い手に、食に対する意識、農業に対する興味を、少しでも深めてもらいたいと考えている。また、『旬の市』をより満足してもらいたいと、実にさまざまなことを考え実行している。

『旬の市』に協力することは、農業にあまりプラスのイメージを持っていなかったわれわれ学生の意識を根底から変えるきっかけとなった。とてもイキイキとしていて、人間的魅力に溢れる作り手の女性達とふれあうことで、机上の上でしか知らなかった農業を垣間見ることが出来、興味が湧いてきた。今後は、作り手の女性たちの食に対する想いを若い世代に伝達する媒体として、『旬の市』にとどまらず、農業の関心・知識を深めるような企画を行っていきたい。

そして、これまでの取り組みを通じて、「農・商・学の連携」によって、中心市街地活性化に、新たな可能性を生み出すことが出来るのではないかと感じる。問題となるのは、「学」の側がこの活動をいかに継続していくかである。それは、都市においていま活力を失っている中心市街地と「農」とが結びつくことで大きい魅力と可能性が生まれる過程に「触媒」として機能し、そのことの楽しさに目覚めたわれわれ第一世代に課せられた課題であると考えている。

細く、長く、楽しく続けるためには

ゼミ生がどんどん代替わりしていくなかで、一九九九年春に編入学してきた九州出身の仲良し二人組が「旬の市」の研究に取り組んでくれることになった。愛称「野菜シスターズ」のKさんとHさんである。Hさんは佐賀県出身で、話をしているうちに彼女のおじさんが前任校の長崎総合科学大学で筆者のごく親しかったゼミ生であったことがわかり、これは嬉しかった。まるで親戚の姪っ子にであったような気分で、さっそくおじさんと電話で語り合った。

わが国では、事業などをはじめると、必ず高度成長させることが至上課題とされる傾向がある。しかし、「ほんまち旬の市」の場合は、参加者の生産能力、販売場所のキャパシティ、駐車場問題、お客の層などからして、規模を拡大することは困難であるし、また拡大すると失敗する可能性があると思われる。

一方、現状のままでいつまでも継続することが可能か、というと、生産者にも疲れが出てくるし、マンネリになって下手をすると衰退するかもしれない。やはり適度に刺激があって、つねに新しい挑戦をしたり、拡大を試みたり、ある程度の利益が出るなどつねに前向きの方向をもっていないと、継続は難しい。細く、長く、楽しく続けるということもまた、難しいことなのである。

では、作り手の女性たちは何を望んでいるのであろうか。野菜シスターズたちが作り手の女性たちと雑談するなかで、およそ把握し、彼女たちにも確認した内容は次のようなものであった。

①現在のお客様である、周辺の徒歩・自転車圏内で生活しているお得意様を大切にしたい。
②欲を言えば、もう少しお客様をふやしたい気持ちはある。
③これまでやってきて、現状での経営については自信がついたので、少し新しいことにも挑戦したい。
④安全な野菜をさらに追求しつづけることで、旬の市ファンを増やしたい。
⑤これからの時代を担う若ものたちに、農業と食についての意識改革を深めてもらう機会をもっと作りたい。
⑥商店街の中の旬の市として、商店街に活気を与えたい。
⑦買い手のニーズをさらに把握して、生産の参考にしたい。

卒業論文のための調査に、彼女たちはいくつかの生産者直売市を見学し、また作り手および買い手の人々との対話を重ね、考察を行った。

訪問先は、まず全国的に有名な事例である、宮崎県綾町の「ほんものセンター」と佐賀県七山村の「鳴神の庄」。これらは二つとも登録者も多く、品揃えが豊富であり、品質保全も徹底しており、店内の陳列方法も上手で生産者の名前を記入したラベルの貼り方も垢抜けしていたという。すでにブランドとして確立しているこの二つの事例は、逆にあまり参考にならなかったようだが、ただ多様な加工品生産がかなり魅力的であった、という指摘をしていた。

さらに彼女たちは、三田市に比較的近い場所で、すでに十年以上続けられている小規模な野菜市もいくつか訪ね歩いている。とても活気のある市もあるようで、「よい先輩を見つけました」という情報は、旬の市のメンバーに伝えられた。

結論として、「作り手が直接販売しているという魅力を大切に」「高齢者にやさしい環境をつくること」「学生のサポートも一つの魅力を形成している」「今後は積極的に加工品づくりも進めたい」「少量多品目生産にむけてなお一層努力すべきこと」などを指摘した卒論は、筆者の見るところかなりレベルも高く、しかも有用な内容であるので、二〇〇一年春に出版した「ほんまちラボ研究ジャーナルNo.11　片寄研究室第3期卒業記念論集」に全文を収録し公開している。

第六章

学生パワーで商店街再生の兆し？

ほんまち未来塾とほんまちわくわく探検隊

「ほんまち未来塾」スタート

一九九九年末になって、商店街の平瀬理事長からの要請を受けて、大学院生のTくんが猛然と動き出した。商店街の街灯が老朽化しており、これを造りかえるには数千万円が必要であることがわかったという。とても今の商店街の力量で負担出来る金額ではない。放っておくと頭の上から街灯のガラスカバーが落ちてくるかもしれない、というのだから事は重大であり、かつ急を要する。

この問題をどう解決するかについての提案づくりを、市民参加のワークショップでやることで、行政からの補助金導入のきっかけにしたいというのが商店街のねらいであり、そのワークショップ運営の旗手としてTくんに白羽の矢が立ったというわけである。この話もまた、筆者のほとんど関知しないところで、どんどん進んでいったのが特徴であった。

わがゼミから京都府立大学の大学院を経て東京大学の都市工学専攻の博士課程に進学して、やはり歴史的な町並み保全や中心市街地の活性化のことなどを研究しているIさんが、ワークショップのやり方についてアドバイスに来てくれたし、行政や商工会の職員に加えて新聞を通じて学生たちが呼びかけたことで、本町通り以外の三田市民の自主的な参加もあって、開かれた場での議論となった。これまで内部だけで議論してきた本町通り商店街の人たちに、この伝統的な商店街の価値に外部の人たちがかなり注目していることをあらためて認識させる画期的なイベントとなった。

そして結果的には、この商店街の未来を学生たちとともに考えたという活動を、行政がしっかりと受け止めてくれて、ついに街路灯の改装費については多額の補助金が出るということになった。資金的な余裕の全くない商店街としては願ってもない話へと展開したのである。

新しくなった街路灯

二〇〇〇年の夏には、中心市街地活性化法にいう活性化事業にのせるべく、三田市中心部の重要な位置を占める本町センター街の将来のあり方について、ふたたび「未来塾」が開かれ、学生たちがいろいろと段取りをし、今回は商店街の人だけでなく、周辺の自治会にも呼びかけて、

「ほんまち未来塾」で趣旨説明をする学生

ほんまちかいわいの将来像を考えた。毎週一回、夕刻から深夜におよぶ定例会とその準備と整理に、数名の学生たちが真剣に取り組んでいる姿をよそに、筆者はドイツとデンマークのエコシステムや産業遺産の保全と活用などの調査に出かけた。その間に彼らは、夏の暑さにもめげず、地域の方々と熱心に語り合い、案をまとめて、商店街の名前で当局への提出を行った。

もう、彼らは教授の存在などそっちのけで、どんどん動いている。これこそ筆者が望んでいた姿である。何の相談もないとなるといささか寂しい気がしないでもないが、いまさら未練たらしくすり寄るのもしゃくだ。あと、筆者に残されている仕事は、彼らの奮闘のあとを物語るラボの掃除である。

じっさい、もの捨て族のこの連中ときたら、ペットボトルや缶ジュースの空いたのを、机の上などにひょいと何気なく置いていく。たまに筆者もうるさく言うのだが、ともかく出入りする学生の数が多くなると、いちいち言うより、手を動かして片づけの仕事をやったほうが早い。

この連中はエコロジーだとか、サスティナブルだとか、難しいことを大学で勉強しているらしいが、まさに「机上の学問」である。置くべきか置かざるべきかと、かなり迷ったあげくにラボに設置したゴミ容器は、気がつくとたいがい満杯のまま放置されており、しかも最低限の分別すらしていない。三田市のゴミの収集は毎週二回なので、早朝の電車でゴミ出しのためだけに筆者一人で出勤することも多い。ぶつぶついいながら、まあジジイに与えられた仕事はこれ位かなと、取り出して分別をやっていると、近所の人たちに「あらセンセがお掃除ですか、学生さんにやらせればいいのに」「いやいや、彼らは忙しいですから、これが私の仕事ですわ」という会話をかわしている。

子ども探検隊

子どもたちとともにまちづくりを考える、という活動を盛んに進めている東京のグループが、一九九八年の九月に東京で開かれた「第二十一回全国町並みゼミ」の分科会でワークショップを実施してくれたので参加してみて、これはわが方にも是非取り入れたい、と思った。

このグループのリーダーは、筆者のすてきな友人の一人で、まちづくりコンサルタント「結（ゆい）まちづくり研究室」を主宰しておられる荻原礼子さんである。ずっと以前一九八〇年代の初めごろに、東京都の三軒茶屋で子どもたちや近所の主婦たちと「三世代遊び場マップ」を作られた頃に、現地に何度も伺って、そのすばらしい活動を見せていただいたりして、お友達にしていただいた。といってもずっと若い美しい方であり、先方は変なジイさんが近づいてきたなと思っておられることであろうが。

そして、東京のワークショップで講師に見えていた、愛知教育大学の寺本潔先生ともすっかりお友達になった。この方は、いまや小・中学校の「総合的な学習」にまちづくり研究を取り入れることに関して著書もたくさんある、全国のトップリーダーの一人である。ほんまちラボの話をすると、ぜひ現地を見たいものだとおっしゃり、わざわざ二〇〇〇年の春と秋に二度もラボに来てくださった。

ちょうど「旬の市」が開かれている日に来られたが、開口一番、この前をぞろぞろ歩いていく通学の子どもたちを、あなたがたのまちづくりに引き込みなさい、何をぼやぼやぼやしているのですか！とハッパをかけられた。

このハッパに応えたのが、四回生のYさんと三回生のKさんである。Yさんは以前からまちづくりへの子ども参加のことを研究したいというので、荻原さんに紹介してあった。彼女からはすでに相当学んでおり、二〇〇〇年十月には宮崎県日南市で開かれた「第二十三回全国町並みゼミ」では、「子どもまちなみ探検隊」という分科会の責任者を引き受け、日南市を何度も訪れては子どもたちを組織して、このイベントを見事に成功させた。そして、わがゼミの他の学生たちも、この日南ゼミに参加し、彼女の活動に協力してさまざまな方法を学び、そのノーハウをすべて自分のものにしていた。

そして、三回生のKさんがたまたまラボで一人でいたとき、近所の三田小学校の先生が三人みえられ、じつはこの商店街を舞台に二年生の総合的な学習をやりたいのだが、あなた方に協力をお願いできないだろうか、と相談があったのである。

以前から、ラボの前を通る子どもたちとの連携を考えていたKさんは、とっさにOKを出し、ゼミのみんなに呼びかけ始めた。これまで先輩達の後追いばかりであったが、ようやく自分たちが主役でやれる新しい活動に取り組める、ということで大いに燃えたらしい。日南ゼミにたくさんの学生が参加したのは、そこでノーハウを蓄積したいという考えもあったようだ。

それからのKさんとそれに呼応した三回生を中心とする学生たちの動きは、これまで経験したことがなかった、商店街の人々とラボとの新しい連携活動へと展開した。

三田小学校の先生たちの話を聞いて、他ならぬ商店主たちがぐっと乗り出してきたのだ。

というのも、ほとんどの人が三田小の卒業生であり、子どもたちがずっとお世話になっただけでなく、PTAの会長経験者がこの商店街にはずらりといるのである。

いちばん乗ってきた建具店経営の住谷義弘さんは、以前東京で開かれた「全国エコ商店街サミット」にわれわれと一緒に出席された方で、このとき早稲田通り商店街をはじめ全国各地の商店街がエコロジーを合い言葉に、互いに連携して新しい商業展開をしようという呼びかけに対して若干違和感を持って戻られたという経験がある。うちの商店街の連中は、エコロジーでは乗ってこない、と思ったというのである。

その住谷さんが「やっとみつけた、本町商店街は『教育』をテーマにしたいと思う」と、商店街の理事会や未来塾の席で、みなに真剣に呼びかけ始めた。「関学のラボが来てくれて、今度は小学校だ。若い世代を育てるのがわが商店街の新しい役割になりつつある」との住谷さんの言葉にいちばんうなずいたのは小生である。「だから、商店街は学びのキャンパス、といつも言ってるだろう」と。

商店街とほんまちラボの大学生たちが全面協力するという態勢ができて、先生方がプログラムをつくった。なんと二年生三クラス全員一〇七名が全部参加するというのである。さっそくKさんたちは授業の参観にいき、給食を一緒にいただき、子どもたちと仲良くなって作戦をねった。

全部で三十六時間を投入するというこの総合的な学習の最後は、体育館に段ボールで各自お店を作って、商店街を再現してお店やさんごっこをするのだという。「よし、ラボも段ボールで模型をつくって参加しよう！」と筆者。

第一回の子どもたちの商店街訪問は、二〇〇〇年十月十三日。百七人の二年生が商店街にあふれ、お店の中をのぞいていった。これにも学生たちはサポーターとして参加。学校に戻った子どもたちに、自分の調べたい店を第三候補まであげさせて、今度はクラスを解体した。一店に五人ぐらいまでのグループにして、十月二十七日は各グループ別に調べたい店への訪問である。これには全グループにそれぞれ大学生のお兄さんお姉さんがついて、あまり出しゃばらないようにしながらサポートするということになった。

子どもたちが大学生と一緒に商店街にやってきた

いよいよ子どもたちによる現地調査の十月二十七日は幸いなことに快晴。驚いたことに、その日朝九時には予定された学生たちが三十人、全員がびしっとそろっていた。アルバイトになるならともかく、全くのボランティア仕事に大学生がきちんと時間を守って集合する、というのは実はたいへんなことなのだ。おそらく筆者が命じたとしたら実現しなかっただろう。学生たち自身が自分で企画し、主体性をもって参加した仕事だから、いい加減にできなかったのだろう。

彼らはまず小学校に行って、担当の子どもたちとグループ別に手をつないだりして三々五々商店街にやってきた。そしてお店に入って子どもたちがいろいろ質問をやり、メモをとるのを横からサポートした。お店の人たちも、子どもの質問に答えていた。

あとで聞くと、「お客さんをふやすためにはどうしているのですか」という質問に。小学校二年生にどう答えればいいか、ずいぶん困ったらしい。「多角経営をしている」などという難しい言葉を使ったりしていた、との情報も入ってきた。お店の方も初めてのことで困惑していたのであろう。ともあれ、これはまさに若い学生のときしかできない、すばらしい活動展開であったし、商店街と学生との実になごやかな協働作業であった。

この総合的な学習も、次年度以降ずっと続くとなると、いろいろ難しいであろう。お互いにマンネリ化する可能性があるし、学生たちもどんどん代替わりしていくので、毎回主体的に参加してくれるかどうかは、全く見通しが立たない。

しかし、教育を商店街のテーマにする、という発想は悪くないし、学生たちの参加がうまく継続すれば、ここなら全国に打って出るだけの新しい発想が可能であるし、もともとすばらしいポテンシャルのある町である。何ごとも継続がいちばん難しいのであり、間もなく全国どこでも総合的な学習のマンネリ化問題が顕在化するであろう。それにむけて本町商店街から新しい情報発信ができるといいなと思う。

たしかに子どもたちを味方につけたとしても、すぐに商売の足しになるわけではない。しかし長い目で見たとき、この活動は商店街活性化のもっとも大切な顧客の基盤づくりにつながっていると思う。逆に言うと、子どもたちからまで見放されたとすれば商店街の明日はない、ということでもあるのだ。

学生たちとすっかり仲良くなった二年生たちは、学校の帰り道に必ずラボを覗いたり、調査に伺ったお店を覗いたりして、知った顔をみつけると声をかけてくれるようになった。この活動を通じて、まさに、地域に息づく下町商店街ならではの雰囲気が戻ってきたのである。

第七章
バリアフリータウンの提唱

「商業近代化計画」の破綻

一九七〇年代から八〇年代にかけて、全国各地で「商店街の近代化・高度化」事業が盛んに進められた。郊外型の大型店舗の出現に対抗して、既成の商店街の人たちが行政の力を借りて、協業化、共同店舗づくり、共同駐車場づくり、アーケードの設置、街路のカラー舗装などを積極的に進めた時代である。筆者自身も商工会議所や商工会などのアドバイザーとして、プロのコンサルタントが裏方になって組織する委員会のメンバーのような立場や、「絵」を描いて欲しいとの依頼に応えたりして、長崎県内のいくつかの商店街についてその将来計画づくりに参加したことがある。

当時のプロのやり方を見ていると、まず基本的なストーリーは完全にパターン化されていて、そこに若干の地域の事情を入れ込んで報告書をつくる、というのが普通であった。

売れっ子のコンサルタントになると、日本全国を飛び回って同時に数カ所の商店街の計画を作成しており、極端に言うと分厚い報告書の大半のページはすでに出来上がっていて、あとは当該商店街の地名と若干の統計数字と「絵」を入れ変えれば一丁上がりなのである。

彼らとつき合ってみて、こんなことでは商店街から特色も個性も無くなって、必ずおかしくなるなと思った。そこで、頼まれた「絵」では、できるだけ抵抗してその町の個性を生かす提案をしてみたが、実施する事業のパターンははじめから決まっており、「絵」は刺身のつまにすぎず、報告書の非生産的な本質をかえってぼやかす役割を果たしていた。

決まったパターンというのはこうだ。まず商店街を協同組合に組織して法人資格を取得して高度化資金の借り入れ母体を形成する。商店街整備の一環として、アーケード化や街路灯整備、路面舗装の美化工事などを進める。できれば都市再開発関係の事業にとりくみ、大型店舗を核店舗として誘致して商店街に連続させて共存共栄の道をひらく。それが難しいときは商店街の有志が語らって自ら協業化して大型店舗を開設する、といったストーリーである。

振り返ってみると、この協業化、大規模化の方向は同時代に全国で進められた「農業構造改善事業」にも酷似している。そして、この全国的な動きに乗って「近代化事業」を実施したほとんどの商店街が、いま苦境に陥り、農業者と同様に後継者がなく、その多くが希望を失っている。

その最も大きい要因は、既成の商店街とは全く関係のない場所に大資本による郊外型の大型店舗ができて、そちらにごっそりとお客をもっていかれたことにある。その背景には郊外住宅地への人口の移動、クルマ社会化の進行、ライフスタイルや好みの変化といったことがあり、既成の商店街がこれらの変化に対応できなかったことが決定的ではあった。

しかし、事態をよく観察してみると、先述したように、商店街が「近代化」を追い求めるあまり、自らその個性や特色を消失することで、これまでの顧客を失っていったという側面もかなり大きいように思う。

難しい「空き店舗」対策

九〇年代に入って、これまでの「近代化」の方向への反省の方向が少し見えてきた。そのなかで先述したように長崎時代に筆者自身もいくつかの商店街の再生整備計画にコンサルタントとして参画する機会があり、そのうち観光長崎の中心スポットの一つである異国情緒の南・東山手地区の観光地の入り口に位置する「オランダ通り商店街」と、市内の中心商店街の一角を占める「浜町万屋通り商店街」については、地域の商業者の方々と商工会議所や市役所のスタッフと一緒になってかなり具体的な計画案づくりを行い、その一部は実現した。

この作業に参加するなかで、長崎市が世界的にも著名な「観光都市」であること、つまり在住人口に加えて観光客をターゲットにすることで顧客の「パイ」を大きくする余地があることに特殊性と有利な点があると思った。

それは、現代の「観光」のあり方が大きく様変わりするなかで、現代の観光客が「観光」に特化した商店街よりも、むしろ地域特有の暮らしの香りがする商店街を自らが発見することに、よりつよい興味と関心を抱いていると見たからである。

つまり、観光都市としての特殊なまちづくりではなく、地域の人々に支持されるような商店街づくりに励むことこそが、新しい観光需要にも対応する時代なのである。

もともと地域商店街としての歴史と伝統をもっていた上記の両商店街には、観光客にはとんど関係のないような商店も数多く存在し、同時に観光客向けの店も共存している。商店街振興計画では、無理な業種変更することなく、現在の延長上によりよい商業活動を展開出来るようにすることこそベストであるから、現代の観光の様変わりは、これら地域密着型の商店街としてはまことにありがたい方向であるといえる。

「商店街づくり」の計画では、このような流れを現実化することが課題であると考え、いずれの商店街についても、まず歩行者が安心して歩ける空間づくりの実現を提案した。オランダ通り商店街では、歩道を確立して石畳で美しく整備することにした。そして、幕末から明治初期にかけての居留地時代の記憶を受け継ぐべく、居留地建築の資料から各店舗の修景のためのデザインコードを提案し、全体としての景観形成を提案した。

また、浜町万屋通り商店街では、道路幅員が狭いので、はやりの「電線の地中化」とは逆行した提案をした。つまり、既存の電柱の位置を道路側に移してその間を歩道として安全を確保する提案である。一方で伝統的な「おくんち」の踊り町として「くじらの潮吹き」というユニークな演し物をもつ通りの伝統を受け継いだ「くじらをテーマとした商店街づくり」も提案した。

この提案はその後実現したのであるが、一方で商店街の空洞化の進行はとまらない。とくにオランダ通り商店街では、バブル経済が進行するなかで外部の資本による「地上げ」が行われ、商店街の中の数軒が買い取られて「空き店舗」や「空地」になっていた。観光地のど真ん中の商店街が歯抜け状況になって「売り店舗」「売り地」の看板が並んでいるという風景は興ざめもいいところである。

この状況を打開しようと、一九九七年度に商店街は、長崎商工会議所を窓口として長崎県と長崎市の補助金を活用する「長崎市商店街魅力アップ事業」に手を挙げた。場所は観光スポットである「オランダ坂」と商店街の角地に立つ、まさに観光スポットの「顔」ともいうべき位置に建つ空き店舗を対象に、補助金で一年間の家賃を所有者に支払い、商店街の有志でこれを商店として運営使用し、次年度からの経営継続につなげようというわけである。そして、筆者はこれまでの経過からその事業のコンサルタント役となるよう商店街から依頼された。

計画では、商店街の有志が5階建てのこの小さなビルの一、二階を借り、一階は商店街メンバーが企画開発した創作土産物の売場、二階は市民の絵画や写真などのグループ活動に貸し出すギャラリー、という内容であった。運営の中心は商店街のメンバーの一人がやることになり、家族の無償労働をあてにするという。ここで一年目の運営に成功すれば、二年目からはその人物が店を引き継ぐ、という段取りである。

この事業に取り組んで、商店街のメンバーはほぼ一年間悪戦苦闘したのであったが、結論的には、成功とはほど遠い結果となった。次年度からの経営の継続はならず空き店舗のままとなったばかりか、有志のメンバーには若干の金銭的負担が残り、いろいろと論議してきた経過のなかで結束力が弱まるなど、何のために何をやったかわからないような結果となった。

筆者は関西の地から長崎まで、ほぼ月に一度の割で現地を訪れたが、コンサルタントとしての的確な指導もできず、商店街の人たちが苦労する様をただ眺めるだけで、無能さをさらけ出したに終わった。とても難しく、筆者のレベルでは口を挟む余地もないと感じたのは次のような理由からである。

第一は「法外な家賃」の重圧という問題であった。約十坪の土地一杯に建物が建っているこの「物件」の所有者は、関西在住のある歯科医師で、登記簿を調べてみるとバブル経済初期の平成元年（一九八九）に入手して以来、抵当権の設定もせずじっと抱え込んでいるという状況が想定された。バブル絶頂期には坪単価七百万円まで高騰し、最近ではこれが二百万円以下に下がったと言われるなかでの今回の商店街の動きは、目抜きの場所を押さえてきたオーナーにとってはまさに「待ちに待った」状況であったのであろう。

賃貸料として月額二十万円、次年度からは二十二万円という強気の姿勢は、このあたりではとても無理な数字と思われたが、度重なる交渉にもオーナーはがんとして応じず、背に腹を変えられずに商店街がこれを呑んだところに無理があった。

観光地の商売はしばしば「水商売」といわれるように浮き沈みが激しい。この年も開店してからの土曜日曜がずっと雨と台風続きで、夏場の書き入れ時にも観光客は少なく、次年度からこの家賃をずっと支払えるような展望はついに見いだすことが出来なかった。地域に若干なりとも愛着を抱くオーナーであれば、家賃面での譲歩や協力も可能であったであろうが、このような財テク目的のオーナーに対しては、空き店舗の存在が観光地としてのイメージダウンをもたらしてきたことへの何らかの制裁措置がないものか、と思った。

第二は、公共事業としての「支援」事業の限界性である。営業はずっと続くのであり、役所の年度にあわせた「単年度事業」は現実に合っておらず、やはり固定費を抑えるための何らかの細くても長い支援が必要ではないかと思った。ただその場合は、公的支援が商業者の経営努力をさらに促進するようなうまい支援策でなければ逆効果になりかねない。ともかく「空き店舗対策」の難しさをしっかりと学んだ長崎での経験であった。

既成市街地は、まさしくテーマパーク

第一章で述べたように、本町センター街はいま、ながらくの懸案事項であった道路拡幅について、当分先が見えないことだけが決まったという中途半端な状況に置かれている。率直に言って、商店街の現状や、現在の商業環境の全体的な状況、あるいは世の中の流れから見て、道路拡幅を伴う「近代化」路線でもって本町通り商店街の活性化をはかる方向にはもう実現性がない、ということだけははっきりしたのではなかろうか。

では、拡幅をやめたとして、町並み保存を軸とした商店街活性化の道はあるのだろうか。これについても現段階ではまだ明確な展望が見えていない。本町通りの将来像は、まったく混迷の状況にある。

本町通りの町並みは、すでに相当程度往時の面影を失っており、このまま活用保存の

方向が見えるとは思えない。新改築に匹敵するぐらいの経費をかけて建物整備をやらなければ、人を呼ぶだけの魅力は生まれないであろう。はたして現在の商店街の内部に、そこまで踏み切ってやるだけのパワーがあるだろうか。

ただ、筆者がこれまでラボに巣くってじっと見てきた結論としては、潜在的な可能性はかなりあり、しかもそれが顕在化の方向に向かって徐々にではあるが動いているように思える。もし、商店街内部から少しでも現実的な動きが生まれてくると、一気に顕在化する可能性はあるとみている。

それについて、少し視野を広げて、三田市の既成市街地の全体についての将来構想のなかで、本町通りのことを考えてみよう。

たしかにニュータウンは、明るく健康的で、車がすいすい走れ、暮らしに必要なものは一応揃っているので、日常生活はニュータウンのなかでほぼ完結できる。

筆者自身がかってニュータウンを造る立場にいたからよくわかるのであるが、ニュータウンの設計においては、まず人間の生活に最低限必要な要素を「健康性、利便性、快適性」という三要素に整理し、独立採算原則の事業の範囲内で最大限のモデル性を追究しつつ、この三要素を組み合わせて最終的な都市空間の構成が決められる。

だからニュータウンには無駄な空間や説明のつかない空間が一切存在しない。このようなところでのびのびと子育てをすれば、きっと素直でいい子が育つだろうなと思う反面、表現が適切ではないかもしれないが、まるで「無菌室」のようなニュータウン育ちは、かえってひ弱で、どこかいびつな育ち方をする可能性があるのではないか、といった疑念がわいてくる。

一九九七年に神戸市で起こった少年による幼児殺害事件が、まさにニュータウンを舞台にしたものであったことから、ニュータウン空間の防犯性の問題とともに、子育ての環境として見たときのニュータウンのもつ諸問題がさまざまに取り沙汰されるようになった。

人間はさまざまな環境でさまざまな人生を送っている。それぞれに歴史を背負い、祖先から人間の知恵や慣習を受け継いで、それぞれ違う生き方をしている。民主主義の基本は、そのような、さまざまな暮らしをし、さまざまな考えをもった人間がこの世に共に生きているということを、まず、まるごと理解することであろう。

ニュータウン育ちを危なっかしく感じるのは、あまりにも清潔で、すべてが一応揃っていて、とくに外に出かけなくても良い環境に育ったことで、たとえば日本人のみならず世界の人々の生活空間の大半を占める、「ごちゃごちゃごみごみした環境」に生きる人間への理解力が育ちにくい可能性があることではなかろうか。

とはいえ、人々の暮らしぶりの「近代化」の進行はいよいよ進み、それにともなって「ニュータウン的な空間」に住む人の割合は今後は増える一方であろう。それだけに、これからの子どもたちには、意識してさまざまな生活空間を体験したり理解したりする機会を与える必要がありそうに思う。

そこで、ニュータウン育ちの子どもの視点に立って、三田市の既成の市街地部を眺めてみよう。

整然としたニュータウンの町並みに比べたとき、ごちゃごちゃごみごみとした町なかは、至るところが不合理、不条理だらけではあるが、そこになぜかたくさんの人々が住み、さまざまな暮らしを営んでいる。

軒と軒が接した狭い路地や、小店の並んだ商店街があり、道路からは職人の働く姿がみえる。こういう、既成の市街地ではごく当たり前の風景との出会いは、ニュータウン育ちの彼らにとって、まさしく「未知との遭遇」であり、見方を変えれば全体が興味津々の「テーマパーク」であり「巨大迷路」、ワンダーランドということになる。

つまり、この地域はまわりの「近代化」によって、いよいよ価値ある存在となりつつあると考えるべきではないだろうか。

三田市では今、既成市街地再生の核として、ＪＲ三田駅前の都市再開発事業を進めてお

古い町並みがよく残る本町かいわいと武庫川

り、そこに大型百貨店の進出を予定したビルの建設計画が進められている。しかし、駅前の部分以外の広大な面積の既成市街地の商店街地区についてのビジョンはほとんど明確になっていない。

たしかに三田市をとりまいて、まるで巨象たちが闘っているかのごとく大型店どうしの熾烈な闘いが展開しているなかで、旧態依然たる商店街には従来の努力の延長上に確たる展望が見えるとは考えられない。行政も「空き店舗対策」に懸命の努力を傾注しているが、それで何年生き延びるか、どうせ先行き真っ暗なら今のうちに廃業した方が、といったムードがただよっていることも否定できない。

しかし、いまこそ知恵の絞りどころであ

り、やりようによってこの地域には無限の可能性が秘められている、というのが筆者の意見である。

まだ適切な命名ができていないのであるが、とりあえず筆者の考えをずばりと表現してみたのが「三田むかし町」または「三田藩城下町テーマパークシティ」の構想である。

町というものは、面白く楽しくて浮き浮きわくわくするような存在であってほしい、というのが筆者の願望である。

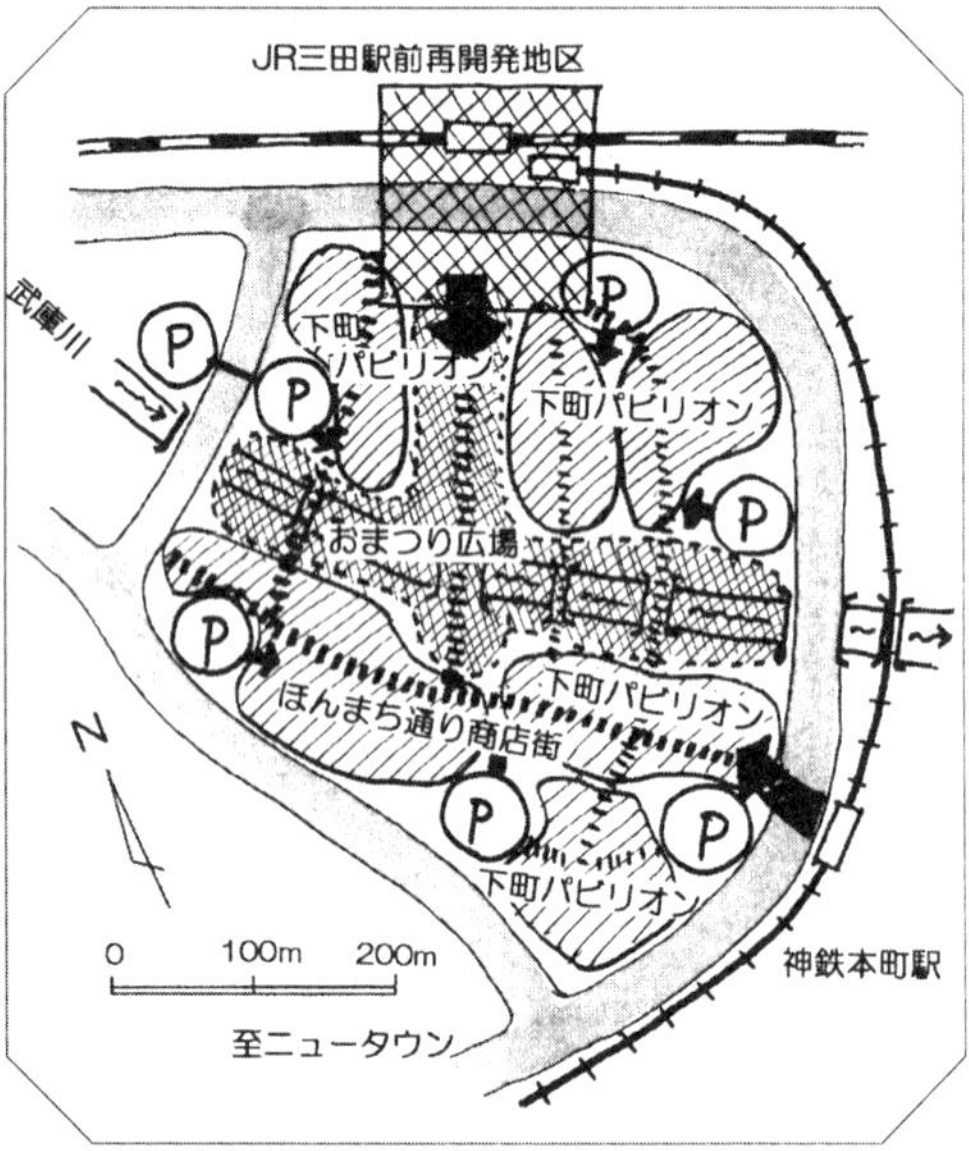

筆者によるバリアフリータウンの構想
“三田むかし町テーマパーク”

テーマパークは、この楽しさを、囲い込んだ空間の内部で実現したものであるが、入場料は高いし、いろいろ制限があって客は自由に振る舞えない。経営側は、リピーター（繰り返し訪問客）を迎えるために、次々と目新しいイベントをやったり、高価な施設を導入したりしなければならない。

その点「町ぐるみテーマパーク」は、まず入場料がタダ。訪れた人は何時間居ても、何日居ても、そのまま永住してもかまわない。たくさんの人々の暮らしの場だから、日々変化するし、投資はそれぞれがやってくれる。あまりお客が来ると、住むだけの人には迷惑な面もあるので、そこは空間的な工夫で静かな場所を確保する必要がある。

「むかし町テーマパークシティ」の基本的なコンセプトは「訪れて楽しい、住んで楽しいまちづくり」である。

そのためのアイディアやコンセプトは、本物のテーマパークからしっかりといただけばいい。大阪万博にはじまり、東京ディズニーランド、ハウステンボス、スペースワールド、パルケエスパーニャ、岡山チボリ、そしてユニバーサルスタジオジャパンなどなど、日本国内にはすでに相当な数のすぐれた蓄積がある。

テーマパークや博覧会のプランニングの方法をよくみると、「メインゲート」「おまつり広場」「パビリオン」の三要素を明確につくり、これらを結ぶ歩行者ネットワークやベルトを巧みに組み合わせることを基本にしているように思われる。これを三田市の既成市街地部に適用して考えてみよう。

まずテーマパークの範囲であるが、囲い込んで入場料を取るわけではないから、とくに限定する必要はない。既成市街地の連続した部分をおよその範囲としておく。

「メインゲート」としては、やはりJR三田駅と神戸電鉄三田駅前の「再開発ゾーン」であろう。ニュータウンからの来訪者の多くがクルマであるから、市で現在計画中の「シビックゾーン」の大駐車場が、もう一つのメインゲートとなろう。そして神戸電鉄三田本町駅、それに市役所前の駐車場が「サブゲート」となる。ゲートには歓迎のモニュメントと案内所のような施設が是非ほしい。

ちなみに、このようなコンセプトを国のすみずみまで徹底しているのはオランダであり、どの町も「訪れて楽しい、住んで楽しい」方向を徹底的に追及しているように思われる。観光ガイドブックにも載っていないような小さな田舎町をいくつか訪れたことがあるが、目抜きの場所にはかならず「VVV」(フィーフィーフィー)というおしゃれな観光案内所があって、そこに親切な職員が居て、宿の手配から町のガイドまで何でも気安く対応してくれる仕組みになっているのに感心した。

さて、「おまつり広場」の中心は、なんといっても三田市の「母なる川」である武庫川河川敷の一帯である。三面張りで大規模に改修されているので、現在の河川敷はやや味気がないが、それでも市街地の中に大きく開いているオープンスペースは貴重な空間であるし、今後の整備でいかようにも魅力形成は可能である。

そして、これと直交するかたちで駅前から本町センター街のところまで出来上がった「三輪石名線」の道路をそのまま広場的に利用すれば、「むかし町」の真ん中に十字型の「おまつり広場」が誕生する。

ちなみにこの新設の都市計画道路である「三輪石名線」は、先述したようにこれまで本町センター街を突っ切って直進するか、あるいはセンター街の両側拡幅に持っていって町並みをすべて一新するか、の二者選択しかないとして検討が進められてきたが、以前の都市計画決定の通り、直進の方針で決着したと聞く。これに対して筆者は、センター街でぴたりと止める第三の案を提案したい。車の走りやすい道路を通せばそれだけお客は足早に通りすぎるわけで、むしろ道路は通りにくくした方がお客の足止めをすることが出来る。

空間的な余裕がなくて困っていた本町通りかいわいに、せっかくできた「道路予定地」の大空間を、クルマに占拠させるなどもったいない話である。これを全面的に楽しく美しい「おまつり広場」として意識的に整備すれば、ＪＲ三田駅方面からの客を「むかし町」の中心へ導き、さらにセンター街にまで呼び込むメインルートとなる。駅から川までの道路部分は、イベントの時には全面歩行者天国とするが、普段は道路の両側にパーキングメーターを設置することで、短時間の利用客を呼び込む駐車スペースとして使うという方法をとれば、クルマとの共存の道が開ける。

道路予定地を「おまつり広場」に本格的に作り直すのは、これまでのいろいろないきさつもあって難しいならば、「暫定的」にそうすればいい。むしろ、そうしたほうが軽やかな空間になって、かえって使いやすいかもしれない。このあたりは臨機応変に対処する。

メインゲートからこの十字型の「おまつり広場」に来た人は、そこから思い思いに各パビリオンへ、つまりそれぞれの個性的な通りやブロックへと向かう。ブロックとしては商店街単位、自治会単位、番区の単位といくつかの既存の単位があり、それぞれが培ってきた個性を生かしたまちづくりを進めればよい。

各パビリオンを結びつけるのが「路地」である。狭いけれども人間的なスケールの路地を抜けるとパビリオンの中の「小ひろば」に出るという仕掛けを実現したい。ちょうど迷路のようになっているイタリアの中世の町を歩く時に感じる、どきどきわくわくするような「発見の喜び」を味わえれば最高の幸せであり、このあたりは思い切りドラマティックな空間演出をやっていいと思う。

ゲート、ひろば、パビリオンは、それぞれ全体の方向性と、そのなかでの位置づけを考えて、意識的に整備していく。とくにパビリオンにあたる、それぞれの通りやブロックは、歴史と伝統を生かしながら、そこに新しいアイディアを盛り込んで、それぞれの個性を際だたせることがポイントとなる。

なお、すでに住宅地として特化している「屋敷町」のあたりは、ぞろぞろお客が来られても困るので、何となく来にくい雰囲気の空間設計を施して静寂を保つようにする。各ブロックの住宅専用部分についても同様の配慮が必要である。

ところで、筆者が提案する「テーマパークシティ」の構想は、滋賀県の長浜市や兵庫県の篠山町や出石町が伝統的な町並みを生かした「観光まちづくり」でかなりの成功をおさめている方向とは、少し違うことをことわっておきたい。

つまり、これらの事例の場合は、大都市からの距離があるために、かなり無理をして「観光」を目玉にしており、それゆえに、まちづくりの方向が一般市民の暮らしとはいささか無関係な面がないではない。これにひきかえ、三田市の場合は、同じ市内にニュータウンという大人口集中地区があり、ターゲットを大都市からの観光客に置くのではなく、むしろ日常的な営みとして集客するという方向を目指すべきであり、それが可能という有利性を生かすべきなのである。

現在でも、夏の三田まつり、年末の誓文払いの時の既成市街地一帯への人出は、まったく驚くほどのものであり、そのなかにニュータウン住民が占める割合は相当高いと思われる。当日は車の混雑が当然予想されているので、市役所前の駐車場に車を置く人もいるが、大半は神戸電鉄やバスなどの公共交通機関を利用し、駅からは徒歩でやってきている模様であり、イベントに魅力さえあれば、近隣に駐車場がなくとも人はやってきている。

これは在来商店街に対して、ニュータウン住民がかなり魅力を感じているからではなかろうか。浴衣掛けでのそぞろ歩きは、ニュータウンでは今ひとつ似合わないが、既成の市街地にはぴったり似合うのであり、このあたりに一つのヒントがある。

もう一つ、人々がわざわざこの町にやってくるには、それだけの「理由」が必要であり、たとえば「おばあちゃんの原宿」として知られる東京都巣鴨の「とげぬき地蔵」などの「御利益」型の宗教施設のもつ集客力に注目したい。

幸い既成市街地の内部や周辺には多くの歴史的な寺院が存在しているので、これらの寺院巡りをすすめて地域全体の魅力アップをはかるという案はいかがであろうか。たとえば「三寺詣で」などと名づけて、ボケ防止などに御利益があるなどという仕掛けであるが、このあたりは行政の立ち入りにくい側面であり、地域の人々の努力でしか実現は難しいが、努力のし甲斐のあるテーマであると思う。

ニュータウンの住民が三田市人口の六割を越えるまでに至ったが、三田市を新しいわがふるさとにすべく移住してきた彼らも、城下町の重厚な伝統を見事に体現するこの「むかし町」に接することで、歴史の積み重ねを身体で味わうことが出来、そのことによってはじめて、自分が三田市に住まわせていただいて本当によかったと心から思うのではないだろうか。こうして、既成市街地の全体の方向性を考えたなかに、わが「本町センター街」を位置づけてみると、そのポテンシャルの高さが、いよいよクローズアップされてくるように思われる。

実際、この通りはまことに魅力的である。

貴重な歴史的な町並みであるとはいえ、確かに江戸期の建物として残されているものはもう数少ないが、それでも下町的な雰囲気は全国レベルで見ても比較的よく残されており、それは三田市にとってまさに至宝とも言うべき資産ではなかろうか。この魅力を生かしてニュータウンの人々をも惹きつける戦略こそが、今後の本町センター街商店街の再生のポイントであることは明らかであると思う。

一九九七年にはいって、われわれの「関学ほんまちラボ」に続き、適地を探してついにこの通りを「発見」したという大阪育ちの若い美容師さんが「美容室ビーラボ」を本町センター街に新装オープンし、続いて市内の文化サークルの有志が発起して市民ギャラリー「ほんまち創人村」がオープンするなど、本町通りの魅力に惹かれた外部からの新しい動きが連続し、それぞれ一定の成功を納めているとみることができる。

さらに一九九八年に入って、「三田親子劇場」の子ども三百人が町の面白さを体験した「忍者たんけん隊」の舞台となったり、歴史散歩の「わらじウォーク」や「まち再発見！三田てくてく文学散歩」の短歌・俳句のグループの吟行のテーマになったり、商店街のお店をテーマにした「ほんまち創作ドールハウスコンテスト」や「第二回わが家のお宝展」、「野外美術場」が開かれたりといった催しが次々と企画されている。

これは単なる偶然ではなく、やはり現代都市において、この通りのもつ伝統的な雰囲気や、人間へのやさしさのようなものが、各方面で切実に求められていることの反映であると思われる。

一九九七年十二月十三日の誓文払いに、三田商工会が主催して、江戸期の町家建築の面影をよく伝えている、現在は無人となっている岡島邸の入り口部分をお借りして実行した「せいもん歴史館」は、主催者も驚くほどの盛況であり、多くの人々を惹きつけていた。やはり、三田を終の住み家と考えているニュータウン住民たちも含めて、地域の歴史への関心は非常に高まっているとみるべきであろう。

先日も旅行で日本を訪れた、アメリカの著名な建築家であるノウシン・エサンさんが、筆者の大学で講演をしてくださった機会に、ニュータウンの建築や風景にあまり興味を示さぬ彼女を、「ほんまちラボ」にお連れした。

築二百年の歴史的建造物である「ほんまちラボ」のなかでこれまでのいきさつなどを話していると、学校帰りの小学生たちが通りがかりに何人も手を振って挨拶していき、なかには中まで入ってきて、「この人誰?」などと気安く質問してくるさまに、「これこそ私のいう『コージーな（居心地のいい）空間』なのよ」と彼女はいたく感じ入っている様子であった。

そこでラボに入ってきた小学生たちと一緒に、「ほんまちかいわいツアー」に出かけた。スタートは、ラボからほど近い武家屋敷地区内に二〇〇一年十一月に修復整備が成ってオープンした市立歴史資料館の「九鬼邸」見学である。明治初期に建てられたこの木造住居建築は、上階に洋風のベランダがあり、下階は町家の間取りという不思議な建物で、擬洋風建築などと呼ばれているが、市でしっかりと整備をし、資料もそろえてボランティアのガイドの方も常駐しておられる。

充実した見学を終えて、今度は「お寺というものを見たい」との要望に応えて、ほんまち通りから一歩入ったところにある日蓮宗の「圓光山・妙三寺」を訪問。突然の訪問であったが、ラボのことはよくご存じで、住職の奥様があたたかく応対してくださり、本堂にまで上げてくださった。ちょうど四百年の大祭を済ませたところであり、ご本尊は花いっぱいに美しく包まれていた。

驚いたことに、この本堂と庫裏の建物は一六〇一年の創建当時のままであるという。よほど土台と構造体がしっかりしているのであろう。磨き上げられた木造建築は実に重厚で美しい。ラボの近くには大変な「お宝」がたくさん埋もれていることに、改めて気づいた。

商店街に戻り、「畑荒物店」では、店先にうずたかく積まれている品物の多様さに驚嘆し、「小谷呉服店」では、展示してある訪問着の美しい染めと刺繍の柄に目を留めて、ふとその値段をみて驚き、店主の小谷修さんから着物についてのレクチャーをいただいた。織りと染めと所々に施された刺繍の手わざの見事さに見とれたあとは質問の数々である。誰が、どういうときにこの高価な着物を着るのか。サラリーマンの奥さんは持っているのか、生産の仕組みは、後継者はいるのか、そして着物の将来は、などなど。これらに、店のご主人はすべて的確に応えてくださる。店に居られた奥さんと娘さんも話の輪に加わって、結婚式の様子の写真などを見せてくださる。

このあたりのお店のほとんどが「家族経営」というのがほんとうにすばらしい。町の全体にほのぼのとした空気が感じられて、とてもコージー（居心地がいい）だわ、というのがノウシンさんの感想であった。

「ほんまち通り」のかいわいには、まだまだ多様な建物や多彩なお店があり、それぞれの分野について、豊富な経験に裏付けられた興味深いお話ししていただけるたくさんの方々がおられる。資源も、「学芸員」の人材も、まことに豊かな「生きた下町博物館・三田ほんまちかいわい」の魅力と可能性に、あらためて驚嘆した経験であった。

大震災の影響もあって、阪神地域での町並み崩壊の進行は早い。全国的な事例では、この通りのレベル以下の町並みでも、地域住民の努力で見事によみがえり、それが商売繁盛につながっている事例は結構たくさんある。計画的な保全・修復・活用の努力をするならば、横綱・大関クラスとまではいかないまでも、幕内クラスとして全国に十分通用する町並み復活は可能であると筆者はみている。

本町通りが「むかし町」テーマパーク構想において、最も重要なパビリオンとなることは確実であり、そろそろその方向に向けて着々と手を打つべき時が来ていると思うのである。

バリアフリータウンの提唱

本町商店街のある高齢者の方からこんな声を聞いた。

「わては長いこと町のなかで暮らしてきたから、なんぼ静かでええよ、と言われても、人里離れたホームには絶対行きとうない。この町の中に、わてら年寄りの安気に暮らせるような、そんなホームをつくってほしい。せんせ一肌ぬいでください。」

筆者自身も以前から同じ思いであったが、いよいよ自分も高齢者仲間の入り口にきて、この意見を何とか実現したいと切実に考えている。

三田市の中心市街地部は、あらゆる意味でバリアフリータウンを構成するための最高の立地条件を具えているように思う。

地形のアップダウンがほとんどないので、足の弱い高齢者、ハンディキャップのある人にはまことに有り難い。バリアフリーの道さえきちんと確保すれば、車いすもすいすい行けるし、平らなルートが健常者にとっても大いに助かることは言うまでもない。

そこへもってきて、長く歩かなくても、町のあちこちにバラエティに富んだ親切な小店がまだまだたくさんあり、とにかく便利で何でも揃うし、公共施設も完備しているし、買い物や散歩のついでに知った人にも良く出会えるし、店の人ともおしゃべりを楽しむことができる。

クルマも自転車も苦手な高齢者の方でも、ここならばのびのびと自由に、自立して暮らせる。既成市街地には、新しく造らなくても、再利用したり、若干改良するだけで使える既存のストックがたくさんあるから、まちづくりのための費用も相対的には決して高くない。

もちろん各種のソフトな福祉施策を充実させることも同時に進めなければならない。加えてバリアフリーの交通ネットワークづくり、誰もが楽しめるコミュニティガーデン、商店をふくむあらゆる建築物のバリアフリー化などのハード面を強化する。

そして、高齢者向けの安全で安価で住みやすい住宅づくりに、思い切った公的資金の投入をして、たくさん建設し、積極的に彼らの市中住まいを促進する戦略を提唱したい。

商店街にとって高齢者とはどういう存在なのであろうか。

先日、エコロジカルな商店街づくりの積極的な推進で知られる、東京の早稲田商店会の安井潤一郎会長にお話を伺う機会があった。「そうさ、これからの商店街再生のターゲットはジジババだよ。移り気な若い娘さんじゃないよ。考えてもみろ、人数がずっと多いしこれからどんどん増える。年寄りの九五パーセントは自分で動けるんだよ。金も結構もっている、おまけに暇がある、ボランタリーな仕事でも、上手に頼めばなんだってやってくれるしさ」と即座に言われた。

安井さんのところでは、ジジババが来やすいようにと、いま商店街をあげてバリアフリー化に取り組んでいるし、自分の食料品店も車いすでアクセスしやすいように入り口部分を大きく改造した、とのことである。

そして、阪神淡路大震災を教訓として、高齢者と学生との連携関係をつくるプロジェクトをいま一生懸命推進しようとしているというお話も紹介してくださった。

神戸の経験ではっきりしたことは、いざというときに頼りになるのは公共の消防ではなくて、近所の人だということ、だから、高齢者と若い人との緊密な関係を普段からつくっておいて、いざというときには誰が誰を担いで逃げる、ということまできちんとしておかなければ、人間は助からないということであった。

このような人間関係を都市のなかでなんとかつくりあげるのに、大学生の存在がかなり頼りになりそうだと考えている、と安井氏はいう。

福祉大国の北欧各国では早くから「福祉のまちづくり」に取り組んできた。加えてアメリカも一九九〇年のＡＤＡ（アメリカ人障害法）の制定以来、急速に都市の全体をバリアフリーに変えてきている。

これに比してわが国の遅れはあまりにひどいが、関連の研究や書籍はすでに大量に出回っており、実行のための手法やアイディアはすでに「出尽くしている」ほどある。

実験的な試みも各地で相当蓄積されており、バリアフリー道路、武蔵野市の「ムーバス」を嚆矢として全国に波及したコミュニティバス、各種のケア施設やその運営のあり方、ソフトなケアの仕組み、さらにはコレクティヴハウジングやシニアハウスなどの、違う年齢層の人々が共に暮らす集合住宅なども、次々と実現している。

すでにバリアフリータウンづくりのための下地は、かなり出来上がっているのである。

もう一つ、三田本町センター街のマスタニ家具店の商品構成が、最近急速にバリアフリーを重点とする内容に大きくシフトしている、というすばらしい話を紹介しておきたい。本町通りに、この動きに呼応して、たとえば「バリアフリー工房」とか、「バリアフリー服飾デザイン」といった、一人一人要求の異なるお客さんとじっくりと話し合って、その人に合った器具や服装をつくるアトリエができると、全体としての厚みがでてくると思われるのだが。

インテリアマスタニさんは、今年で一一二周年を迎えるたいへん歴史のあるお店です。今回は、奥さんにお話を伺いました。現在の場所で営業が始まったのは昭和十三年からで、記録によるとはじめは日曜雑貨などのランプ、油などを取り扱い、その後板ガラスや電気器具、鏡や眼鏡など、その時々の時代に合わせていろいろなものが販売され、現在は主に介護用品やカーテン、額縁などのインテリア商品が並べられています。介護用品を置くようになったきっかけは、無くなられたご主人の入院でした。

「主人が退院したときに、一緒に阪急デパートの四階にある介護用品を見に行って、こういうのん置いたらいいなあと思って」介護用品を扱うようになったそうです。その後ご主人が亡くなられてから、以前よりも介護用品を多く置くようになり、現在のようなお店になっていきました。「一つ品物を頼まれたら、二つ買うて、一つは店において、そないしてたらどんどん増えて、今みたいになったんです」という感じで介護関連の品物が増えていきました。

「自分が、介護して、見てるからね」お客さんが「床擦れで苦労しているのですけれど」といった介護に関する質問にも、電話がかかってきた時すぐに適切なアドバイスをすることが、このお店の魅力。ときには介護に疲れた若い奥さんが来て、一時間ほど話して泣いて帰ってしまうこともあるそう。そんな時のマスタニさんの励ましの言葉は「みんなそこを通らなあかんねんから」。

また、ご自身の介護の経験から、痴呆症のお年寄りには、何があっても「怒ったらあかんわ、いつもと違う言葉で言わな」というご意見を持っておられる。こういったお客さんとの個人的なつながりを持たない店が増えてきている現在、こういうお店はやっぱり貴重な存在。

口コミで店の評判が伝わり、氷上郡からベッドの注文がきたり、父の日のプレゼントとして九州からも失禁用パンツの注文を受けたこともあるそう。広告は、年に一回。あとは神戸新聞三田版の小さな枠に定期的に広告を載せる程度であり、「ありがたい話やわ、ほんま。こうして店出してるだけやのに、お客さん来てくれはるねんから」とマスタニさんも嬉しそう。他に、市役所の紹介や、社会福祉センターのカタログを見て来るお客さんもいるとのこと。

最近良く売れているのは、一見普通のいすに見えるけれども実はトイレ、という商品。マスタニさんが言うには、お客さんがたくさん来られる秘訣は「私が女やから」。介護用品を買いに来られるお客さんの大半が女の人で、「やっぱ話しやすいでしょ」

こんなマスタニさんの元気の素は「今日も店を開けられる、今日も一日終わった、ていう有り難さやわ」そしてストレス解消法は、月一回の定休日。毎月第一週目は、旦那さんのお墓参り。あと月に一回大阪にハリ治療に行っているそう。「太いハリで痛いんよー」で、その帰りに阪急デパートの介護用品コーナーを見たり、服を見たり。他にも植木や観葉植物を育てるのも趣味。でも「これだけ。何も趣味ないでしょ」って、めっちゃ元気なマスタニさんでした。
（閑楽停通信第10号、1998.6.15　禅定慶子さんのルポより）

三田市の中心市街地で、いま空間的にどんどん一番面積を増やしているのは「青空駐車場」である。昔からの建物が壊された跡地は、あっという間にアスファルト舗装されて駐車場に早変わりしていく。このペースでいくと、中心市街地の空洞化はいよいよ進み、殺風景で、都市らしさのまったくない、つまらぬ空間になってしまうであろう。

駐車場ではなく、都心部に人々を呼び戻すために、とくに高齢者むけの住まいづくりを積極的に進めるための、規制と誘導の措置が緊急に必要である。三田市の場合、今ならまだ間に合いそうに思う。思い切ってバリアフリータウンづくりを徹底的に追求して、さまざまなタイプの高齢者の住まいを導入することが、この町の中心市街地活性化のための強力な武器になる、と思う。

とって置きのアイディアの一つは、「高齢者と学生が一緒に住む」集合住宅づくりである。

筆者の知る数少ない事例であるが、高齢者向け公営住宅と学生向け住宅の「合築」が、北海道音更町や東京都相模原市ですでに実現している。

福祉系の大学との連携の例であるが、若い人たちと同じ棟に暮らすことで、高齢者の安心・安全が確保されるだけでなく、談話室などでの交流を通じて、年輩者の知恵が伝達され、ほのぼのとした人間関係も生まれているという。

先の早稲田商店会の安井会長は、ある程度のボランティア活動を前提として学生さんに安く貸し、そういう学生さんが同じ棟に居るということを「売り」にするならば、多少家賃か分譲価額が高くてもきっと人気がでるはずだからと、今地主たちを説得しているところという。

「なんといっても、みんな老後が不安でならねえんだから、きっと乗ってくるよ」との安井氏の話に、その不安な一人である筆者自身が大いに心を動かされていることを告白しておきたい。

たとえばこんな「合築住宅」の提案である。

設備とプライバシー完備の学生個室の家賃月額一万円。条件としては○号室と△号室のジジババの「仮の養子」として、毎日一度の電話か携帯メイルのやりとり、あと週一回顔を見て安否を確認し、もし緊急措置が必要になったときに親族などに連絡する。

互いに気が合わない場合もこの最低義務だけは守ること。夏休み等の長期休暇期間は無理をしなくていい。学生家賃を安くした分は高齢者の家賃または分譲価額に上乗せするか、公的住宅制度に乗せて補填する。

次なる展開にむけて

「ほんまちラボ」をつくった目的は、生きている都市の内部に飛び込み、できるだけとけこんで「町の定点観測」をやりつつ、学生を育てるという、新しいタイプの研究室づくりであった。

そして、この目的に関しては、商店街の方々の大変なご協力をいただいて、ほぼ目的は達したといえる。さらに、周辺農村部からの中心市街地活性化支援活動ともいうべき「旬の市」の成功には、作り手の女性たちのたいへんなご努力に加えて、ゼミの学生たちの協力体制もかなり貢献した。いわば、わが力量でやれそうなことはほぼ最高のレベルにまで到達した。

一方で学生は毎年卒業し、新しく参加してくる。だから、「ほんまちラボ」を舞台とするゼミの活動は、つねに新しい目的を設定しないと、すぐマンネリ化する。新聞発行や公開セミナーも惰性で動くようになると魅力を失う。学生によるクラブ活動的な継続性と毎年の新展開を期待したが、彼ら自身がそれぞれに忙しく、先輩が後輩の面倒をみるという組織的な活動を確立することは、なかなか難しいことがわかってきた。

一九九九年末から二〇〇〇年初めにかけて、学生主導ですすめられた「ほんまち未来塾」の活動はたしかに素晴らしかった。大学院生のTくんを中心に、初代の学生メンバーが燃え、後輩の学生と住民の方々、三田市民の方々、それにマスコミ関係者などの参加を得て、その展開過程はかなり理想的であった。ただ、これが次なる活動へとさらに発展する可能性があるかどうかは未知の課題である。同じく院生のKくんが三田市の中心市街地活性化をめざすTMOのメンバーとして活躍してくれたし、Tくんには岡島邸を題材にと商店街の理事長から話がもちかけられたりしたようだが、学業を終えて卒業していった。今までのところ、後継者も育ち、次々と新しい人材が活躍しているが、毎年顔ぶれが変わる大学生や大学院生を軸に、ある種の「運動」を継続していくのは、やはり限界がある。

だから、この種の動きには「節目」があることをよく理解しておく必要がある。そういうまなざしで、これまでの経過を総括すると、「ほんまちラボ」の活動の第一段階は「ほぼ成功裏に終わった」という気がする。で、これからどう、何をすべきなのであろうか。

先述したように「細々と維持する」ことが、いちばん難しいのだ。つねに「建設過程」にあって、次々と顔ぶれの変わる学生たちに、興味を持って主体的に取り組むチャンスを用意する工夫がないと、離れて行くだろう。そのために「ほんまちラボ」の二階の改装工事に着手したり、「としラボ」をつくったりと筆者個人の力量の及ぶ限りで新たなる展開をやってきてはいるのだが、それだけでは無理だという気がする。

そこで、いよいよ次なる展開を考えるべきときがきた、と思う。つねに最先端の研究者でありたい筆者には、「何か新しいことをやっている」という雰囲気を維持して、そのことを世界に発信して、わがラボを拠点とした「新しい研究の可能性」を追求したい気持ちがある。とはいえアナログ世代の生き残りとしてやれることには限界がある。

いろいろ模索してきた結果、到達した一つの結論が、NPOの「福祉の住まいとまちづくり研究所」（仮称）をこの商店街のなかに設立するという構想である。いまその前段のステップとして、学生たちや、ラボのサポーターとしていつも知恵を貸して下さっている神戸市在住の経営コンサルタントの渡辺容行さんとともに福祉住環境コーディネーターの資格をとり、機が熟せばスタートさせてみたいと考えている。

ここで、いまや「福祉」の概念が大きく変化発展していることを説明しておきたい。環境の中で人間がいかに共生するか、また一人一人が人生をどう幸せに生きるか、ということこそが「福祉」であるという時代なのだ。わたしの研究テーマはさまざまな分野に広がってきたが、つねに「空間と人間との関わり」がテーマであった。つまり、現代の「福祉」の概念の方から、わたしに接近してきた時代なのだ。いよいよこれまでの蓄積を集大成する方向で、すべてをこの活動に集約すべきときなのかもしれない。

一部にはわたしが突然「福祉」に飛びついたという誤った認識があるようなので、じつは相当具体的な実践経験と蓄積ももっていて、つねにこういう方向を志向してきたということを紹介しておきたい。

話は一九七〇年代、わたしが長崎で「中島川を守る」運動に主体的な参加をしていた頃にさかのぼる。

一つは、ドブ川であった都市河川の「中島川」を、都市の中心的な空間として再生させる研究活動の一環として「中島川まつり」を企画し運営したことである。一九七四年から八五年まで十二年間続けたこのまつりでは、とくに障害者団体のバザーや出し物を中心におき、障害者が自由に移動できる「大遊歩道」の実現、そして、そのネットワークを都市空間の隅々までひろげて、都市構造全体がバリアフリーになるような都市構造の実現を追求した。そしてこの企画はかなり成功し、その後もずっと継続しており、今も毎年五月には「中島川福祉まつり」が開催されている。

もう一つは、その過程で、原爆による重度被爆障害者である故・渡辺千恵子さんのクルマ椅子で暮せる住まいを計画し、設計し実現した経験である。クルマ椅子で自由に室内を移動でき、台所仕事も入浴も用便も、なに不自由無くでき、外との連絡もスムーズで外出も容易にできる住宅が、長崎市郊外に完成した。この仕事は、わが国の「福祉のまちづくり」研究と実践のパイオニアである当時の同僚の日比野正巳さん（現・長崎純心大学教授）が主導し、セキスイハウスが参加協力してくれた。

一九七九年に大学の出版物にわたしが書いた文章がある。

「下半身マヒで寝たきりであった渡辺千恵子さんが、この住宅づくり運動の過程でクルマ椅子に習熟し、自立への自信を強めて、ついにジュネーブの国連国際平和会議に出席して、世界の人々に軍縮と平和の尊さを訴えるにまでに至った経過は、まさに感動的であった。だがそれ以上に、われわれ自身の課題として感じたことは、大げさに言えば、科学技術と人間の幸せとの関係をもう一度よく考え直さなくてはならない、ということであった。

建築、機械、エレクトロニクスなどのあらゆる科学技術を、真に欲している人たちのことを、われわれ科学技術を学ぶものたちは、これまで自らの問題としてどれほど考えてきたのであろうか。重度障害者でも、ちょうど眼の悪い人が眼鏡をかければ健常者になれるように、ちょっとした技術の応用と環境の改善によって、健常者と同等の、自立した人間として生きていけるのだ。真の科学技術とはなにか。それは、一人一人の小さな幸せを守り、育てるためにこそあるべきではなかったか。

被爆者問題を他人事といって済ませておくことはできない。公害患者はあなたの身近にたくさんいるし、毎日排気ガスを吸って有害食品をたべているあなた自身、すでに相当おかされていることは間違いない。障害者問題も他人事ではない。交通事故は一瞬の間にあなたを障害者にするであろうし、間違いなく、そう、間違いなくあなたはやがて年老い、障害者の一人になる。」（環境論叢 No.2, 1979.1）

本町センター街に入れていただいたときから「福祉の住まいとまちづくり」を実現するのに最適の条件をみたしていると考えてきた。地盤が平らなので、クルマ椅子で自由自在に移動ができるし、しかもクルマ椅子で入れる小規模なお店がたくさんある。さらに、障害者や高齢者は身近なところにたくさんおられる。マスタニさんという、バリアフリー商品をながく扱っているお店もある。

この平らな空間は、三田市の中心市街地全体につながっており、努力次第では中心市街地のすべてをバリアフリー空間として再生することが可能である。JR三田駅前再開発もそういう視点で取り組めば、新しい展開方向が見えてくる可能性がある。夢はどんどんと広がって行くのである。

このような福祉モデル商店街づくりの動きは、全国各地でも進みつつあるので、互いの交流をすることでさらに新しい実践と研究の地平が開けよう。調査研究の課題もまた無限に生まれる。

福祉のすまいづくりに関しては、潜在的な需要が山ほどあるといわれている。その大半は、こまごまとした「お金にはならないが、人々が必要としている仕事」なのである。非営利だからこそできるという分野にねらいを定め、地味に一歩一歩研究と実践を積み重ねていくならば、地域にとって存在感のある研究所をつくれそうな予感がしているところだ。

エピローグ

まちづくりの総合政策学とは

第一ラウンドは成功裏に終わった

以上、時系列的に「ほんまちラボ」開設以来の動きとわたしの個人的な感想などを、ずらずらと書き連ねてきたが、現時点でわたしなりに総括すると、「ほんまちラボ」の第一ラウンドはほぼ成功裏に終わり、一段落がついたような気がしてならない。

このあたりできちんと次なる方針をもち、新しい展開の方向をきめて再出発すべきときであろう。

学生たちは年々代変わりしていくので、これまでの経過をきちんと伝える努力が必要だし、といってこれまでのやり方ばかりを踏襲するのでは彼ら自身が燃えないし、やがては去って行くことになろう。つねに彼らを惹きつける手をうたないといけないが、なかなか思う通りにはいかないものだ。下手をするとわたし一人が取り残されて、何のために何をやってきたのかわからなくなる恐れがある。ゼミとして地域にせっかく温かく入れていただいたのであるから、無責任なかたちで終わる、というのはもっともまずい。

では、これからどうするか。わたしのようなスタイルで地元と付き合いながら研究活動を展開するような変った人はあまり居ないだろうから、おそらく後継者は現れないだろうと思っていたが、最近なんとなく見つかりそうな気がしてきた。都市の研究手法としては、こういうスタイルが正統派だという時代がきたのかもしれない。となると、第一ラウンド終了で余韻を残してすぱっとラボを引き上げる、なんてことはできない。地元とのせっかくのいい関係を大事にして次の時代へと引き継いでいきたい。とはいえ、もともとしんどいことをできるだけ避ける、というのが基本である。これまでの、肩に力の入らない筆者のスタイルの延長上に、もろもろの蓄積をバネに次なるステップにむけて大きく羽ばたく振りをしながら、それでいて気楽に続ける方向はないものかしら。

そんなスタンスで、そろそろ新しい仕掛けを考えてみるかな、というのが現段階でのわたしの心境である。

総合政策学とは？

ほほう、総合政策学部ですか。で、何を勉強するところなの？

「えーと、あのー、国際発展とか、環境政策とか都市政策とかー。」

で、あなたは？

「はあ、いちおーう都市政策なんですけどー、どのコースの講義も受けまして…。」

なるほど。つまみぐいしてきたわけですね。

「いえ、そう言われると…でも、世の中ってなんでも総合的じゃないですか。だからやはり幅広く、総合的に…。」

うん、だけど大学で勉強したという以上は、何か専門性が必要とは思いません？

「はあ、だからー、私の先生はいちおう都市計画の専門家ですが、現場主義者で、勉強は自分でやるもんだといってあまりきちんとは教えてくれないんですよー、だから自分で専門書を読んだり現場で調査したりして、いちおう勉強してきたつもりなんですけどー」

で？

「はあ、まあ、あのー総合政策って一口ではいえないんですよー。でも、いろいろなことが勉強できて良かったなと思ってはいるんですー…。」

で？

「・・・。」

総合政策学部に学ぶ学生たちの悩みは深い。工学部電子工学専攻などと言えば、とくに説明しなくても世間はすっと納得してくれるし、文学部ですとか経済学部ですとかいえば、普通はそれ以上あまり追求してこない。だが、わが総合政策学部には、必ず「で？」という質問が来る。とくに就職試験では、この質問への応対が勝負どころとなる。

わが国の大学で何を学んだといって社会ですぐに専門家で通用するわけがないことを、誰よりもよく知っているのが人事担当者であるから、この意地悪な質問にどう応えるかを、担当者が楽しんでいるふうがないではない。だから、こういう質問を用意して貰えるだけでも他学部より有利なのだと考えた方がいいのではないか。

ところで、総合政策学とはいったい何なんだろう。

じつは、いまだこれに的確な回答を持ち得ていないというのが、筆者自身の悩みでもあり、負け惜しみのようだが、これほど話題になる新しい学部に身を置かせていただいている喜びを大切にして、それを考えることを今後の楽しみに残しているのである。学生たちにも「入学早々から卒業までずっと悩めるなんて、幸せな学生生活と思えよ。これがわが総合政策学部の最大のメリットなんだ」と言っている。

大学の説明のなかに「総合政策学とは問題解決学である」という表現があり、どうやらこれがキイワードらしい、というのがいまのところ筆者の考えの到達点である。

たとえば、都市環境を静的にとらえて、そのありようを淡々と解説するような学問でないことは明らかである。

都市とは地域空間における人間の営為の所産であり、都市が抱えるさまざまな問題は、明らかに人間が生み出したものであるから、人間の叡智でもって必ず「解決」しうるのだという強烈な目的意識をもって、その現状を調べて分析し、かつ解決への「対案」としての政策、つまり戦略と戦術を考察し、その実現のための道筋を描いてみる、というのが総合政策学ということになるのではなかろうか。

だから、この学問分野はかなり「工学」に近い、という気がしている。「ものが欲しい」という「問題」を「解決」すべく、ひたすらものづくりに特化して高度な発達をとげた工学。だが、その所産が結果として地球環境の明日を危うくし、人類の未来をきわめて暗いものにしてしまった経過への反省から必然的に生まれてきたのが「総合政策学」であった、というのが筆者の現段階での定義づけである。

「ものが欲しい」という要求に直に応えるのではなく、要求そのものを根底から検討し、「欲しくても我慢する」「別の解決を考える」「つくった後に問題はないか」といったさまざまな「対案」を総合的な視点からつくりあげることが、この学問分野だと思う。

ここでいう「問題」には、さまざまなレベルの、さまざまな種類のものがあろう。個々人の毎日の生活をどうするか、というせっぱ詰まった問題もあれば、コミュニティレベルの問題、都市レベル、地方レベル、国レベル、そして地球環境や宇宙全体のレベルまで、空間的、時間的に異なったレベルで様々な問題がある。いじめや家庭崩壊、あるいは住民の超高齢化、リストラ、就職難などの精神的、社会経済的な諸問題もある。しかし、これに全部つきあっていたら、いよいよ支離滅裂になってしまうだろう。とはいえ、すべての問題は何らかの形でつながっている「総合的課題」であるから、この学問をすすめるには、まず自分なりの「方法論」を確立することが必要だと思う。

まちの現場に学ぶ幸せを大切にしたい

「都市が大きく外側に広がっていく時代は終わり、すでに築かれた都市のインフラを活用しながら豊かな都市生活のための都市環境を形成していく時代にはいった」「街の中に住むこと、公共輸送機関のサービスを高めて、来るべき高齢化社会に備え、車に乗れない若者も集まれる街を再生することが都市計画の重要なテーマになってきている」「このような時代には、現場からの都市計画の積み上げが不可欠である」（「サンフランシスコ都市計画局長の闘い」訳者序文・蓑原敬、学芸出版社　一九九八）という指摘は、まさに本町の将来に展望を与えていると思う。

あの少年による恐るべき事件の舞台がニュータウンであったことから、改めてニュータウン空間の不気味さが指摘されている。たしかにこれはニュータウンのつくり方の問題でもあり、今後大いに改善する必要がある。

このとき、いつも複数のまなざしが通りに注がれている伝統的な商店街のもつ防犯性の高さは、現在のニュータウンとはまさに対比的であり、大いに参考になると思う。それは近隣の人間関係がきちんと出来ていることと、暮らしに身近な小店が存在しているからであり、この伝統と蓄積は高く評価しなければならない。

まわりにすべてが新しい巨大なニュータウンができて、たくさんの人がやってきたために、オールドタウンにはきわめて高い付加価値が生じていることに注目すべきである。ここに焦点をあてて独自の方向を求めるならば、本町通りをふくめて、歴史と伝統を誇る三田市の既成市街地部には無限の可能性がある、と思う。

真に人々が求める「未来都市」の姿とは、ピカピカのニュータウンではなくて、地味ではあるがはんなりとした「ほんまちかいわい」のような空間ではなかろうか。

まちかど研究室「ほんまちラボ」に拠ることで、わたしたちはほんとうにたくさんのことを学ばせていただいている。ここから何が生まれるか、どんなすばらしい研究が展開するのか。また、かんじんの商店街の再生に多少なりとも寄与できるのか、まだ何とも言えないし明確な展望があるわけでもない。ただ、この「実験」を通じて明らかになったことは、既成の商店街が現代の大学生にとって、まさに「ほのぼのキャンパス」とでも表現したくなるような、温かで、かつ知的な刺激に富んだ素晴らしい「学びの場」だということであった。

商店街で鍛えられた学生たちの何人かは、住民参加型の「まちづくりコーディネーター」として相当な実力を身につけていて、その主体的な活動はすでに筆者の目の届かぬ範囲にまで拡がっているが、把握している範囲での最近のめぼしい活動をいくつか紹介しておこう。

第一は、かねて筆者が夢みていた「福祉のまちづくり」研究所の構想（第七章参照）が、三田市から武庫川を伝って最下流の尼崎市に、とうとう実現したという話である。研究所の名前は、「尼崎南部再生研究室」（通称「あまけん」）。設立は二〇〇一年の三月で、場所は阪神電鉄「大物」駅にほど近い、マンションの一階である。

尼崎公害患者・家族の会、尼崎都市・自治体問題研究所、㈱地域環境計画研究所、そしてわが片寄研究室の四者による運営協力のもと、維持会員と賛助会員をひろく募集して、開かれた独立の研究室とすることをめざしている。

この研究室設立のきっかけは、産業公害と自動車公害が複合した大気汚染による「ぜんそく」などに長く苦しみ、訴訟による闘いを続けてきた患者やその家族たちが、被告であった企業や国、道路公団などと二〇〇〇年十二月に和解し、これからの地域再生について力を合わせて努力することになったことにある。室長で全体のまとめ役は、まちづくりプランナーの淺野彌三一さん。㈱地域環境計画研究所を経営する、筆者の三十年来の友である。彼の、プロとしての高い力量と温かい人間性にはかねて敬服しており、同氏からの呼びかけに筆者も積極的に応えたという経過である。

これからの活動としては、公害被害の中心地である尼崎市南部地域の再生にむけて、地域住民の意見と要望を集約すること。真の「福祉のまちづくり」をめざす地域環境改善についての調査、研究、情報の集中と発信。地域活性化に寄与するようなイベントの開催支援や実施等の活動展開。かつてこの地域で生産されていた「尼いも」と呼ばれる、おいしくて甘いサツマイモを「都市再生のシンボル」として復活させたいと活動展開している市民たちの「尼いもクラブ」の運営支援。地域資源の発掘としての産業や伝統技術・遺産などの調査研究、公害関連の資料と情報の収集整理などを計画している。

そして、この設立と運営には、かつて「ほんまちラボ」の中心メンバーであった卒業生で、淺野氏の研究所のスタッフである綱本武雄、若狭健作の両氏が中心的に活躍し、これに現役の学生たちが多数参加させていただいているので、いわば実質的な「姉妹ラボ」ということになる。(「あまけん」のホームページは、http://www.amaken.jp)

第二は、近隣の地域などへの「まちづくり支援」の活動である。兵庫県の龍野市の「うすくち醤油資料館」の館長で「まちづくり協議会」のメンバーである正田富夫さんから、市内の中学生による「まちおこしワークショップ」の助っ人を依頼された。

これは、兵庫県の教育委員会がかねてから進めている中学生の社会体験学習「トライやるウィーク」の一環であるが、地元としては中学生たちの若い力をまちおこしに活用する機会にしたい、と「ほんまちラボ」の学生たちの実力に期待したというわけである。

二〇〇一年の夏から秋にかけての準備期間、筆者は海外調査で不在であったが、担当したゼミ生のKさんIさんたちは、数度の訪問を重ねて慎重に準備し、ついに十一月はじめには、三、四回生のゼミ生二十名が一週間の現地合宿をして中学生たちと徹底的につきあった。難しい年齢の中学生たちとのつきあいはじっさい大変だったようだ。最初は無表情でじっと押し黙ったままであり、一度はくじけそうになったが、めげずに頑張った甲斐があって、次第にうち解けていったという。

ワークショップの仕上げは、多数の市民の前での、各チーム毎で考えた「まちおこし」や「新しい店づくり」の具体的なアイディアの発表である。筆者もこの発表の場には駆けつけたのだが、中学生たちが「お年よりにも楽しく快適なまちづくり」を懸命に考えているやさしさに感動した。彼らの提案する「お年よりと若ものとの交流の場としての『たまり場』

の提案」に、会場からこれはさっそく実現させたい、という意見が出されるなど、この試みは人々に深い感銘を与えたようで、これは二〇〇二年度にも継続が決まった。

ラボで鍛えられた学生たちをこうして外でみると、その成長ぶりには目を見張るものがあった。筆者と龍野の人たちとは「町並み仲間」として二十年来の親しいつきあいがあり、尼崎の事例と同様、これも筆者の人的なネットワークとわがゼミ生たちのパワーがうまくかみ合った事例なので、今後もこういうことがありそうな気がしている。

先日も大阪の船場（せんば）問屋街の再興をめざす若手経営者のグループ「船場賑わいの会」の事務局長さん（関学ＯＢ）から、ラボの学生に声がかかり、いまイベントの準備にゼミ生が二人が取り組んでいる。ここからも何かがはじまりそうだ。

第三は「ほんまち通り」や三田市の地元を舞台とする学生たちの活動が、一過性のものから継続性、持続性を指向しはじめたことである。これが地域に根付けばほんとうにすばらしいのであるが。

まず、商店街のなかにできた「ほんと仲良し図書館」の開設である。設立のねらいは、総合的な学習をきっかけに親しくなった地元の小学生たちと大学生と地域の人たちとの関係をいつまでも持続させようということにあったが、町内にはなかなか適当な場所がない。いろいろ場所を模索するなかで、「旬の市」のメンバーから、店の奥の空きスペースを利用してみてはどうかという提案があり、さっそく得意の大工工事で本棚を作り、二〇〇一年の夏にオープンした。今のところは毎週月曜日と木曜日の「旬の市」の開店時間（午後三時から五時）にあわせてゼミの学生たちが運営している。

設立と運営の中心になったのは、「こういうことがやりたくて他大学から編入してきた」というOさんと、根っからの子ども好きのT君、I君、そして「旬の市」の向かいで老舗の「鍵屋重兵衛」を代々受けついできた朝野金物店の朝野久恵さん。それに常連になった小学生の仲間たちである。

ほんと仲良し図書館

こういう活動では、しばしばイベントをやるのが有効であることを、先進地である奈良まちづくりセンターの「遊文庫」の見学でしっかりと学び、オープニング・イベントには、伊丹のコマ名人の三木一仁さんに来ていただいたり、朝野さんの「三田昔話し」や、学生たちによる「竹とんぼづくり」など楽しくやったらしい。この経過にも筆者はほとんどタッチしていないが、のちに旬の市のメンバーが「もちつき」で応援してくださったときだけは進んで参加した。図書館に置く本は、「閑楽停通信」で読者に呼びかけたところ、有り難いことに多くの方々から寄付をいただけたので、かなりの量を揃えている。貸し出しの方法や規約については、子どもたち自身にも考えてもらい、学校の帰り道に寄り道しやすいようにしたという。

じつは、これがうまく根付いて、次々代のお客さままである子どもたちが商店街に親しみを持ってくれることを期待するというねらいもある。何しろ江戸時代から連綿と続いてきた商店街なのである。長い目でお客様を育てていかなければならないし、すでに子どもが仲良し図書館でお兄さんお姉さんと楽しく本を読んでいる間に、一緒に来たお母さんが旬の市や商店街でお買い物、という風景をみることができる。

二〇〇一年五月に、地元のアーティストが集まって、ほんまち通りとその一帯を「アート」の場にするという壮大な環境アート「野外美術場」のイベントには、ゼミ生のTさんNさんS君らがその事務局を担当して大いに活躍したが、それを継続させようという市民の動きに呼応して、学生たち自身が新しいメンバーをつのって引継ぎをしようとしている。

また、N君たちの仲間による「わんぱく公園・プレイパークづくり」の動きも、今のところは公園や空き地を使ったイベント型でしか実現していないが、恒久的なスペースの実現に向けて地域の方々と連携し、新しい学生を呼び込んで持続的な発展の方向を目指している。

このように学生たち自身が、後継者づくりの問題を真剣に考え始めてくれたことは、まことにうれしい。「ほんまちラボ」も傍目にはようやく地についてきたということになるかもしれない。とはいえ、年々入れ替わる学生主体の「壮大な実験」は、つねにいつ破綻するかわからないという不安要素を抱えている。筆者もハラハラどきどきしながらつき合いつつ、常に「無理はしない」という初心を忘れてはならない、と思っている。

ほんまち卒論商店街の構想

あるとき、いつものように「ほんまちラボ」の前の道路に机を出しての路上ゼミで「どや卒論は、で就職は？」などとやり、やがて薄暗くなって喉を潤す時間となって商店街のひま人も加わり、お決まりのパターンで夜が更けていくなかで、筆者の頭のなかに、ふと驚くべき構想が浮かんだ。

名付けて「ほんまち卒論商店街の構想」。

学生たちも卒論のテーマを何にするかについては結構悩んでいる。何をやってもいいよ、ともかく自分の足で歩いて自分で見つけたテーマに喰らいつけ。教授にそういわれても、じっさいこれまでそういうスタイルで研究をした経験がほとんどないのだから、途方に呉れているのが実態である。

思いついた構想とはこういうことだ。商店街にはそれぞれ業種や業界の違う、さまざまなタイプのお店が軒を連ねて並んでいる。このお店について、あるいはそこの扱っている商品や業界について、一つ一つ個別研究をやるのである。これまで「商店街」としてひとまとめに見てきたのだが、これを原点に戻って個店の集まりと見るならば、そこには無数の研究テーマがある。そして、商店街を構成するお店についての個別研究の成果を、もう一度商店街のように連続させ、集積させることができれば、全体としてパワフルな総合研究にまとめあげることが可能になる。

具体的には、商店街を構成している個々のお店について、それぞれ学生が張り付いて徹底的に研究し、その成果をずらりと並べることからはじめる。問題と将来展望、個別性と共通性などなどを解明した力作の並ぶ、お店やさんごっこ「総合学習」大学生版。二〇〇〇年の秋に三田小学校の二年生たちが、この「ほんまち通り」で一軒一軒のお店を調べて、勉強の仕上げに個々のお店のミニチュアを体育館に並べて、お店の説明をしたりお店やさんごっこをしたのを、今度は大学生や院生が「本腰を入れて」やるのである。

たとえば、つぶれた市場のなかでただ一軒で頑張っているとうふ屋さんの研究だ。あの頑張りようはすごい。固定客のファンがついて居るからだ。今抱えている問題はなにか。三田の、そしてわが国の豆腐業界はどうなっているのか。生産と流通の仕組み、原料はどこから、国産大豆はどうなのか、先物取り引きの現状は。遺伝子組み替え大豆の問題もある。どんな味や質が好まれるのか、調理のあり方、売り方、豆腐の歴史、豆腐専門料理店の存在、おからの始末や厳しい労働の問題、等々。豆腐屋さんから無限の世界がのぞけ、スケール感のある充実した内容の卒業研究の骨格がみえてくる。

「ラボ」の両隣の呉服屋さんの研究。この業界の未来はどうなのだろう。着物離れの世の中だが、ベトナムのアオザイ、韓国のチマチョゴリなどの民族ファッションが若い人たちに脈々と受けつがれているのに負けず、世界に誇るわが国の着物文化はぜひ継承発展させたいものだ。神棚製造もやる建具屋さんという不思議なお店もある。お得意さんといっても、神棚は一度買ったら次は四十年後という。この特殊な業界の構造は面白いし、卒論にまとめるには頃合いの規模のような気がする。

牛乳屋さん。楽器屋さん。喫茶店、薬局、家具屋、看板屋、小料理店、自転車屋、プロパン屋、ガラス屋、電気器具、文具、荒物、美容院、肉、冠婚葬祭、リサイクルブティック、洋品小物、介護用品、クリーニング、そしてわが「旬の市」の魅力的な女性たち。芸術家の溜まり場「ほんまち創人村」の不思議な人種などなど。隣の筋にはお風呂やさん、和菓子、模型、オモチャ、酒、骨董、筆、八百屋、たこ焼、お好み焼き、そしてコンビニ。この商店街の一帯には驚くほどたくさんの業種がある。

学生時代にある特定業界について深く研究しておくと、就職活動においても見方がしっかりするし、将来どの分野に進んでもいつか自分の仕事と結びつく可能性がある。われわれの何よりの強みは、近所のお店のその道のプロに、何でも、何度でもフランクに聞ける関係ができていることだ。もっとも、どこまで本音が聞けるか、どこまで真実に肉薄できるかは学生たちの力量次第ではあるが。

この「構想」が浮かんでからというもの、熱に浮かされたようにいろんな人にしゃべくり回っているが、評判は悪くない。ゼミ生諸君にはほとんど強圧的に、卒論なにやるの？ 決まっていない。じゃあ君は美容院の研究、あなたはこっとう屋、なにか不満が？ じゃあ酒屋は、花屋は、旬の市は、薬局は？ とたたみかける。誰でも具体的なお店をあげると。もともと若干なりとも興味を持っている業種はあるもので、店や業種の名前をあげてくる。

先週のゼミで『リサイクルブティック』を研究したいと宣言したゼミ生の一人が、ちょっと調べてみたがあまり面白くなさそうなので、違う業種をやりたいという。そこでカナダで高校時代を送った『帰国組』のゼミ生にカナダの事情を聞いてみた。

彼女いわく「ごく普通な感じでリサイクルショップがありますよ」「ほとんどの人がリサイクルの服に抵抗感がないし、それが当たり前という感じ、わたしもよく使っていました」。別のゼミ生にアメリカやヨーロッパの事情を聞くとやはり同じような話である。世界はまさに「なんでもリサイクル」の時代に入っている。ユニクロ方式でどんどん新品を輸入し大量消費してゴミにしているわが国の状況は、世界的に見るとまさに異常なのだ。ほんまちの小さな店を、わが『めがね』にして世間を見、世界を見ると、そこには驚くべき光景が見えてくる。

「とりあえずアメリカのリサイクルブティックとの比較調査から始めてみたら」の一言で彼の眼の色が変わった。こうなるとしめたもの。来週か再来週までに、その業界の現状と問題点について概略の調査レポートを作成し、それからお店の現場を訪ねるように指導する。ボーと訪ねていってお店で小学生みたいにヒアリングするのではないよ。大学生なんだから。ある程度の予備知識と問題の所在に見当をつけてから、各お店に伺うこと。何しろ海千山千の商人（あきんど）相手なのだから、先方が「ん？　お主できる！」ぐらいの質問をぶつけないと、ハナから相手にはしてくれないよ。

近所のおやじ連にぼちぼち伺ってみると、商店街でずっと隣り合って商売をしてきた割には、隣の店のこと、業界のことなどあまり知らないという。別に不可侵条約があるわけでもなかろうが、隣のことに深入りするのはまずいといった遠慮もあろう。ひょっとすると、しがらみのない学生たちの「卒論」という道具を使って、そこのところに無遠慮に風穴をあけてしまうことができるかもしれない。

もちろん、ここで大切なのが「何のための研究か」ということだ。まずは「ほんまち商店街」への温かいまなざしをもつこと。これがわがゼミの「学風」である。そして「商店街巻き返しの時代」を一刻も早く迎えたいという願望にむけて何らかの貢献をしたいという気持ちがある。研究がある程度まとまったところで「ほんまちラボ設立〇周年記念・卒論商店街連続セミナー」を開いてはどうだろうか。

そこでは、商店街にあるお店のこと、その関連業界のこと、とくに今後も商店街で店をやっていくについての将来展望などについて研究した学生が、まず研究の成果を発表し、共同研究者でもあるお店の経営者が補足や反論をする。そしてご近所の人たちを交えての質疑応答と盛大な「合コン」。

これまで商店街全体についての研究は多いが、商店街というものが個別商店の集積であり、その「集積の利」を生かすことに展望を見出そうという捉え方をした研究はあまりなかったのではないか。当たり前のようだが、商店街には互いに異なる業種が隣り合わせに並んでいる。しかし、店構え、仕入れの仕組み、販売のやり方、業界事情などは個店ごとにまったく違う。既存商店街への大型店の影響などと一口にいうが、そのありようは個店個店で大きく事情が異なっていよう。

たしかにこれまでは、商店街のお店どうしが事情を知り合う必要などなかった。しかし「商店街巻き返しの時代」を展望するとき、せっかくの「集積の利」を生かさない手はない。いわゆる「異業種交流のすすめ」であり、すぐに効果がでるというものではないが、互いの実情を知り合い、相違点や共通点、将来の可能性などを学んでみると、新しい連携の話や空き店舗対策に何か新しい展望がみえてくるのではないか。

研究者・教育者としての筆者の視点からは、この構想が地域研究の方法論に新しい地平をひらく可能性がありそうに予感している。この本の副題にも『まちづくりの総合政策学』という表現を使っているが、ようやく「総合政策学」における「都市政策」の研究・教育の方法論の一つが見えてきたのかもしれない。つまり、商店街から地域へと視点を広げてみると、地域とはさまざまな人間と事物事象の集積であり、地域全体の将来像を見据えながら、地域を構成する個々の事物事象を徹底的に研究し、相互の関係を含む総合的な考察を加えることで地域のもつ潜在力を顕在化していくという方法論である。

実は、今のところやっとここまで考えただけなのだが、実利的に言うと、この方法で個別に業種研究、事物事象研究を展開するならば、都市政策コースをめざす学生たちの卒論のテーマには永遠に事欠かないのだ。教育する立場からは、まさに「大鉱脈」を掘り当てたのではないか、と思っている。

恒例の屋外ゼミ風景

入学してできるだけ早い時点で、とりあえずのテーマを設定し、具体的にその事物事象の研究にとりくむなかで、「総合政策学」という「何でもあり」のさまざまな講義を受け、それぞれ専門の分野をもっている研究者に、その研究の立場からの視点でアプローチしていくならば、すばらしく効率よく、かつ自分の身になる学問研究を展開することができるのではなかろうか。

「学びの場」と「商いの場」とのドッキングという、われわれの壮大な実験は、いま始まったばかりであるが、やがてすばらしい続編が書ける時が来るに違いないと筆者は確信している。

ほんまちラボの設立にはもちろん運営にあたっては、多くの人々にご迷惑をおかけし、またお世話になった。なかでも本町センター街の小谷修さん、平瀬洋治さん、大東吉典さんなど歴代の理事長や役員さんをはじめとする商店街の皆様には、学生たちにとってのまさに親代わりとでも表現したくなるほどお世話になったし、商業活動には何の経験もない筆者についても、商店街の仲間として温かく迎え入れて下さり、店主の一人のように遇して下さった。もちろん大学当局とくに事務のスタッフの方々のバックアップがなければ、このような大胆な試みはできなかったであろう。

「ほんまち未来塾」の成果の一つとして、二〇〇一年秋に「街路灯の建替え」がついに「実現」し、その点灯式が二〇〇一年十二月一日にとり行われることになって、商店街の大東理事長からの案内状が、すでに卒業して各地で働いている旧ゼミ生たちにまでわざわざ送られたらしい。わたしのところには「お役に立てて、ほんとうに嬉しい」「ご招待をいただき胸があつくなりました」「社会人一年生で仕事は忙しいけれど、万難を排して出席したい」というメールが続々と送られてきて、当日は東京や北九州から卒業生たちが何人か「ふるさと」に戻ってきて懐かしい方々と再会した。

商店街の再生という大きい課題からみれば、ささやかな第一歩ではあるが、とにもかくにも、これまでお世話になるばかりであったラボから、若干なりとも恩返しができたということになる。学生たちには常日頃「何にもやるな。無理するな」と水をかけてばかりいた手前、少々気恥ずかしいが、よくぞやってくれたと、関係の歴代ゼミ生諸君には心からの敬意を表しておきたい。本書の出版にあたって、イラストを担当して下さった綱本武雄さん、関西学院大学出版会の田中直哉さんと浅香実加さん、そしてお世話になったすべての皆様に心から感謝申し上げたい。

著　者

片寄　俊秀　（かたよせ・としひで）

関西学院大学総合政策学部教授　1938年生　奈良市出身

まちは楽しく自然は豊かで、毎日真っ黒になって外で遊んで育った世代。あの頃の豊かで美しく楽しかった海、山、川そして下町をなんとか復活して子どもたちに返したいというのが現在の中心的な研究テーマ。

専攻分野：まちづくり学、地域都市環境デザイン、観光地計画、自然環境復元計画、むらおこし、防災計画など。

まちづくりコンサルタント、工学博士、技術士、一級建築士。

京大工学部建築学科卒。同修士課程修了。西山卯三氏に師事。ただし学生時代はラグビー部活がメイン。

1961年　京大アフリカ類人猿学術調査団（今西錦司団長）に参加し設営担当。
1962—70年　大阪府技師として千里ニュータウン開発事業に従事。
1970—96年　長崎総合科学大学建築学科教授。
1988—89年　イタリア国家共同研究機構客員研究員（FIRENZE）。

1996年4月より現職。長崎では石橋と美しい川の復活をめざす「中島川を守る運動」にも参加。水害後の都市復興計画、普賢岳噴火災害と観光再生、諫早湾の自然資源活用研究に従事。

現在、全国町並み保存連盟理事、国土問題研究会副理事長、自然環境復元学会・日本建築学会・都市計画学会・観光研究学会・産業考古学会・エコツーリズム推進協議会会員、国立民族学博物館研究協力者、尼崎南部再生研究室顧問。

おいしいものと旅と温泉が好きで、下町の商店街と伝統的な町並みと里山と川と干潟の生き物と離島をこよなく愛し、環境芸術家、町並み旅絵師を自称。

著書
『ブワナトシの歌』（朝日新聞社刊・羽仁進監督、渥美清主演で映画化。現代教養文庫所収）
『スケッチ全国町並み見学』（岩波ジュニア新書）
『ながさき巡歴』（ＮＨＫブックス）
『千里ニュータウンの研究』（学位論文・産報出版）
『実験都市一千里ニュータウンはいかに造られたか』（社会思想社）
『地域発のまちづくり学』（えぬ編集室）など。
計画作品
「中島川大遊歩道構想」「野生シカの野崎島ワイルドパーク」「諫早斎場」「多良見町ふれあい会館」「神浦川河川公園」「長崎市万屋町商店街再生計画」「諫早湾ムツゴロード構想」など。

現在、三田市の既成市街地商店街のなかに「まちかど研究室・ほんまちラボ」を設立して商店街の人々や学生たちとともに下町の復権研究に従事。

関西学院大学総合政策学部片寄研究室
E-mail: sun-lab@ceres.dti.ne.jp
URL: http://www.ceres.dti.ne.jp/~sun-lab
ほんまちラボ
三田市三田町28-24
関西学院大学総合政策学部 都市政策コース野外実習施設

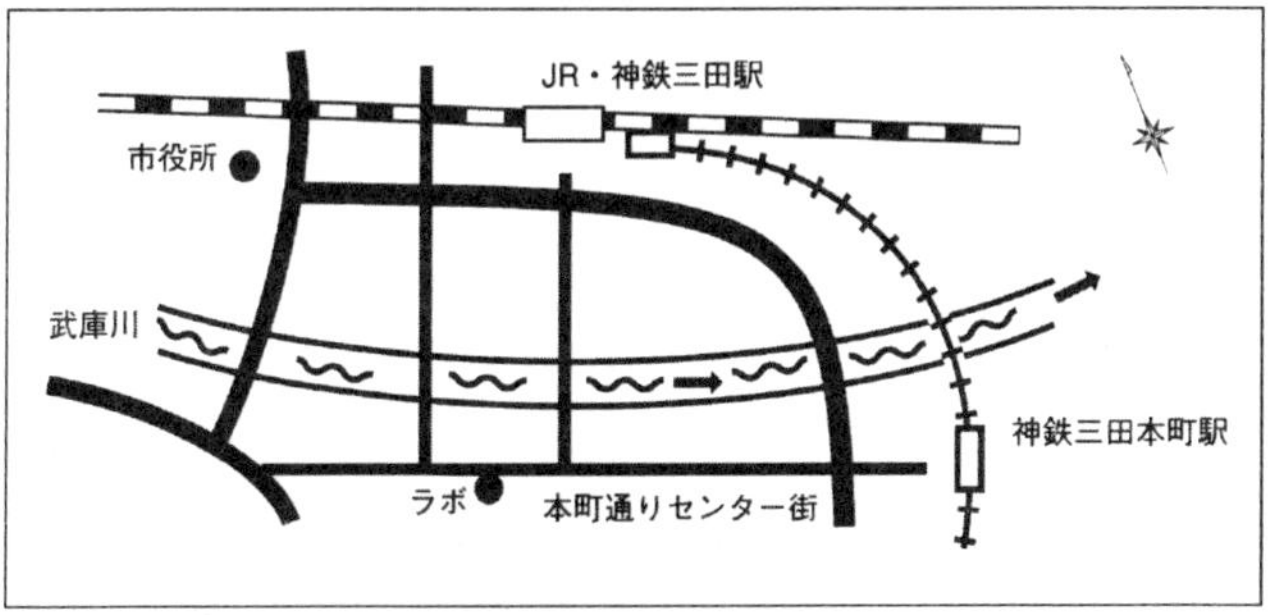

商店街は学びのキャンパス
現場に学ぶ まちづくり総合政策学への招待
まちかど研究室「ほんまちラボ」からの発信

2002年 3月25日 初版第一刷発行

著　者　片寄 俊秀
発行者　山本 栄一
発行所　関西学院大学出版会
所在地　〒662-0891　兵庫県西宮市上ヶ原1-1-155
電　話　0798-53-5233
印刷所　協和印刷株式会社

Printed in Japan by Kwansei Gakuin University Press
ISBN : 4-907654-40-5

http://www.kwansei.ac.jp/press